都市と文化のメディア論

情報化するコンテンツ／ツーリズム／トランスナショナルコミュニケーション

堀野正人・谷島貫太・松本健太郎 編著
Masato Horino, Kanta Tanishima, & Kentaro Matsumoto

Media Theory of Urban Culture

ナカニシヤ出版

序

もし宇宙人が宇宙空間から人類の発展を超高速の早回しでモニタリングしていたら、その発展の段階は、地球の表面上の特定の地域に都市が形成されていくプロセスに比例するものとして把握できただろう。都市の数やその空間的な規模は、文明の発展段階を示す指標として機能したはずだ。モニタリング用のカメラ（に相当する異星テクノロジー）の解像度が十分に高ければ、ある時点から、都市から都市への移動プロセスが多様化し、高速化していることにも宇宙人は気づいただろう。家畜化された動物に引かれた車輪つきの車が都市間を往来し、船が海を渡り、列車が線路を走り、飛行機が空を飛んでいく。これらの移動手段の発展の加速に比例して、都市の空間的な発展も進んでいく。しかしもし宇宙人によるモニタリングが、カメラ（に相当する……以下略）で捉えることのできる視覚的情報にのみ依拠していたなら、彼／彼女らはある時点から、人類の文明の発展の大きな部分を取り逃がすことになったはずだ。そのカメラでは、メディアに媒介された情報の移動は捉えきれないからだ。

人類の歴史のある時点までは、情報は物質的なメディア（粘土板、パピルスの巻物、羊皮紙の冊子、紙の印刷物などなど）に記録され、物理的な空間に集約、保管されていた。その集約の場となったのは、もちろん都市だ。たとえば各国の国立図書館は基本的に、首都もしくは大都市のアクセスのよい場所に建てられている。しかし情報がデジタル化されネットワーク上で管理されるようになると、情報の所在は都市の構造からは切り離される。情報ネットワークを支える大規模なデータセンターは都市の中心には作られないし[1]、そもそも端末からインターネット情報にアクセ

［1］Google のデータセンターの位置については Google の下記サイトを参照。
Cf. https://www.google.com/about/datacenters/locations/（最終確認日：二〇二四年一月二日）

スする時、私たちはその情報がリアルな空間のどこにあるのか、などということは考えない。そして現代を生きる人間が体験する世界は、リアルな空間に規定されているのと同様に、あるいはそれ以上に、メディアによって媒介された情報によっても規定されている。宇宙人のモニタリングカメラには、この後者の世界は映らないのだ。

　とはいえ、現実の空間からなる世界とメディアに媒介された空間からなる世界は完全に切り離されているわけではない。情報化が進んだ現代においても、人類の大部分は都市に住んでいる。インターネットへの接続状況を可視化したインフォグラフィックスを見ると、そこに浮かび上がるのは結局は世界各地の大都市の輪郭だ[2]。私たちは、現実とメディアのどちらかを選ぶのではない。都市を中心とした私たちの身体が生きるリアルな空間の構造の上に、メディアが織りなす別のレイヤーが重なっていて、その二重性が現代的な生を形作っている。問題は、その重なり合い方だ。というのも、現代ではすでに都市という単位やその輪郭自体が自明ではなくなっており、そしてその輪郭の再編において、メディアのレイヤーはきわめて本質的な役割を果たしているからだ。

　本書『都市と文化のメディア論』が焦点を当てる都市は、まさにそのような、基本的な単位や輪郭が再編されつつある都市である。リアルな空間はもちろん重要だ。しかしそれだけでは、現代の都市の体験をまったく汲みつくすことはできない。都市は、身体的に生きられるだけでなく、観光イメージとしても構築されるし、フィクションの舞台設定としても活用される。位置情報ゲームの空間を構造化するデータベースとしても使われるし、都会的な何かとして語られ欲望される求心力の中心としても機能する。もちろん、経済や政治の現実的および象徴的な拠点でもある。これらすべてに共通し、これらすべてを取りまとめる都市の輪郭とはなんだろうか。その問いに簡潔な答えを返すことは困難だし、そもそも可能ではないのかもしれない。そこで本書では、都市をめぐる定義をいったん括弧に入れ、代わりに都市とその文化に関わる現代的な事象について、微視的かつ繊細なまなざしを向けていくことから始める。そしてそれぞれ大きく異なる切り口から、都市とその文化を解剖していくことで、都市という生命体の現在地を明らかにしていく。

生命とは何かという問いには、多くの答えが提示されており、現在も新たな答えが提示されつづけている。現時点では、その問いに対する最終的な答えというものは存在していない。しかし、生命が存在していることに疑いを挟む者は誰一人いない。生物と呼ばれる対象のわずかな動きや、また触れた時のぬくもりや感触に、生きている者としての私たちは生命の存在を容易に確信することができる。なにより、自分自身の生命を現実のものとして私たちは感じつづけている。生物を解剖しても、顕微鏡でのぞいても、さまざまなセンサーで計測しても、見つかるのは生命の徴候《しるし》ばかりで生命そのものではない。それでも生命は、確かに存在する。私たちはそれを確信している。おそらく都市の生命についても同じことがいえる。都市は生きている。不可思議な都市的な力ともいうべき何かによって、都市の心臓はたえず鼓動し、人やモノや情報を循環させ、新陳代謝していく。そのダイナミズムの息吹を、私たちはいたるところで感じることができる。都市の生命は確かにそこに存在する。しかし都市の生命そのものが何かといわれると、それを名指すことはできない。だから私たちは、都市の生命そのものではなくその徴候《しるし》に目を向ける。

本書に収められた十七本の論考は、都市の生命をめぐる十七個の徴候《しるし》の分析だといえる。ただし生物とのアナロジーには少しの留保が必要だ。生物の身体構造の進化論的な緩やかな変化に対して、都市の進化の速度ははるかに速い。さらに都市の身体というものを考えるなら、それはリアルな空間の構造だけでなく、そこにメディアやテクノロジーの進展が可能としたさまざまな次元が複雑に絡まり合って構成されている。本書が『都市と文化のメディア論』と題されているゆえんだ。

本書は三つの部から構成されている。それぞれの部に冠された「コンテンツ」、「ツーリズム」、「トランスナショナルコミュニケーション」という三つのキーワードは、都市という多次元の存在を腑分けするための便宜的な視点だ。

［2］二〇二二年の世界のインターネット接続状況をインフォグラフィックス化した事例については下記サイト参照。Cf. https://global-internet-map-2022.telegeography.com/（最終確認日：二〇二四年一月二日）

第I部の「コンテンツ」というキーワード一つとっても、都市の文化との関わり合いはきわめて多様だ。京都を舞台とした映画作品（第六章：須川論文）や東海オンエアというYouTuberの動画（第七章：菊地論文）など、コンテンツのなかで現実の特定の都市が表象される場合もあれば、ファン参加型のアイドルイベント（第一章：谷島論文）や電車内の中吊り広告で展開された小説（第三章：伊豆原論文）、あるいはゲームセンターでのゲーム大会（第四章：加藤論文）など都市のなかでコンテンツの受容が成立している場合もある。レンタルビデオ屋などコンテンツへのアクセスを担保する場としての都市（第二章：永田論文）や、戦前の少女雑誌内で展開された都市／都会的なものをめぐる想像力（第五章：嵯峨論文）も、それぞれの仕方でコンテンツというキーワードで都市について考えることを可能にしてくれる。

第II部の「ツーリズム」をみてみよう。戦前から現代にまでいたる銅像というランドマークをめぐる言説の系譜（第十二章：堀野論文）や満州の首都新京の旅行雑誌上での表象（第十三章：千住論文）は、メディアを介した観光イメージの構築に関わるものだ。アナハイムのディズニーランドを中心として成立したテーマパーク的都市（第八章：遠藤論文）や、タイのバックパッカーの体験を支えるメディアの機能（第十四章：新井論文）は、移動（モビリティ）の増大がもたらした社会的流動性を、ツーリズムの観点から吸収、馴致するプロセスの一つだと位置づけられるだろう。ある種の体感型推理ゲーム（第十一章：松本論文）は、ゲーミフィケーションとフィクションとを交差させることで新たな仕方で観光体験を上書きすることを可能とし、また俯瞰的／客観的視点ではなく主観的な視点から地図情報を再編するGoogle Map等の事例（第九章：松岡論文）や、観光地を諸レイヤーからなる観光メタデータの束としてマネジメントすることを目指すメタ観光の発想（第十章：真鍋論文）は、都市が輪郭を失い、任意に再構成可能なデータベースとして機能する未来を垣間見せている。

第III部の「トランスナショナルコミュニケーション」においては、キリスト教会の立地をめぐる歴史的データ（第十六章：麻生論文）は日本の近代的な都市空間を生み出した場の力学を意外な角度から浮かび上がらせ、関羽という三国志武将のパブリックイメージの成立と越境の分析（第十七章：仙石論文）は、東アジアの都市を結ぶ想像力のネットワークの存在を示してくれる。さらに『スラムダンク』で描かれる「神奈川」という都市がある世代の中国人にとって希望と絶望を投影するスクリーンとして機能したことをめぐる分析（第十五章：楊論文）は、越境と脱文脈化／再文脈化が文化的想像力において果たす大きな可能性の例証となっている。

生命に触れ、その存在を感じるためには自分自身が生きていなければならない。都市の生命に触れる際にも同様だ。私たちのほとんどは何らかの形で都市に生き、これからも生きつづけていく。本書に収められた各論考は、都市に生きる私たち自身の生命をいわば掛け金にして、都市の生命に分け入っていくそれぞれの試みである。それらの指先は、宇宙人のモニタリングカメラでは捉えることのできない、都市の生命のぬくもりを拾い上げているはずだ。

二〇二四年二月

編者を代表して

谷島貫太

目次

第 I 部

コンテンツから考える都市と文化

第一章　応援のゲームと価値を生み出す資源としてのファン

ももいろクローバーZと「春の一大事」をめぐって

谷島貫太

一　はじめに

ファンはたんなる消費者ではない。ファンは消費するだけでなく、応援する。そこには、経済的な価値には還元できないなんらかの価値への関与《コミットメント》が入り込む。アイドルのファンにおいても同様だ。ファンは個々のグッズやパフォーマンスに対して金銭的な対価を払うと同時に（あるいはそれ以上に）、その背景にある物語にお金を払っている。そしてその物語はしばしば、ファンによる関与によって前に進み、展開するものとしてファンに受け取られる。

本章では、「ファンの関与によって物語が展開する」と主観的に受け取られるような応援行為を、一種のゲームとして位置づける。応援行為がゲームとして機能するためには、特定のゴールが設定されるとともに、そのゴールを達成するための具体的な手順がファンに共有されなくてはならない。日本では、とくに女性アイドルの応援行為にそのようなゲーム性が導入されてきた。そしてそのゲーム性は、メディアの発展によってそのつど大きく性質を変えてきた。

以下では、テレビがリアリティショー化した一九九〇年代にデビューしたモーニング娘。、ソーシャルメディア（SNS）などを使った個人による発信環境が普及していった二〇〇五年頃にデビューしたAKB48における応援のゲーム性を確認したうえで、ももいろクローバーZの「春の一大事」というファン参加型のイベントが作り上げているゲーム性に着目する。地域活性化をミッションとして掲げているこのコンサート・イベントは、そのミッションをファンと共有することで、ファンの活動自体を地域活性化の核とするという特徴を有している。ここには、アイドル・グループが掲げるミッションにコミットするファンの存在が、地域の活性化という価値の創出の源泉となっているという構図がみられる。そして興味深いことに、地域活性化プロジェクトへの参加自体が、翻ってファン・コミュニティの強化に直結していく。この事例の検討を通して、ファン・コミュニティのもつ現代的な可能性について考察していく。

二　アイドル応援のゲームの発展

二-一　推す：アイドル応援のゲーム性

ある種の未熟性[1]を備えたアイドルを応援する行為には、応援によってアイドルの魅力を補完していくという能動的側面が含まれる。境はそのような能動性のなかに、「見出すゲーム」、「支えるゲーム」、「育てるゲーム」という三種類のゲームが立ち上がっていると指摘する（境 二〇一四：八八-九〇）。自ら輝く能力をもつスター（モラン 一九七六）とは異なり、公開オーディション[2]などで注目され、素人からタレントへの移行過程が可視化される「未熟な」アイドルにおいては、ファンが積極的にその魅力を見出していかなくてはならない。これが「見出すゲーム」である。その次に、かつては歌番組や雑誌へのハガキの投稿、現在ならばブログ、SNSへのコメントや握手会への参加などを通してアイドルを支える行為、すなわち「支えるゲーム」が成立する。もちろんグッズの購入なども、経済的にアイドルを「支える」行為だといえるだろう。そしてこの「支えるゲーム」と地続きのものとして、応援しているアイドルの成長を批評的かつメタなまなざしで評価しつつ[3]、その成長を喜ぶ「育てるゲーム」が成立する。これらの三つのゲームは、現代ではしばしば「推す」という言葉で指し示される応援行為の基本的な構成要素であるといえるだろう。

二－二　リアリティショーとモーニング娘。

アイドルを応援するゲームの舞台の中心は、長らくテレビだった。その基本フォーマットは、「見出すゲーム」の番組化ともいえるオーディション番組だ。それを大きく変化させたのが、八〇年代半ばに登場してきた大人数の女性素人集団たちである。太田は、おニャン子クラブがデビューした八五年に先立ち、八三年に『オールナイトフジ』に出演した女子大生集団「オールナイターズ」にその転機を見出している。『オールナイトフジ』はアイドルを発掘するための番組ではなく、ただ素人の女子大生が大勢で出演するだけの番組だったのだが、ファンの視線がそれらのメンバーをアイドルにしていった（太田 二〇一一：一三四）。つまりオーディション番組で審査員が果たしていた機能が、ファンによる価値発見のゲームへと姿を変えていったのだ。そして八〇年代に開拓された、素人同然の女性たちから成る大人数グループというアイドル形態と、アイドル発掘の王道であったオーディション番組のフォーマットが交差するところに生まれたのが、一九九七年に結成され、翌九八年にデビューしたモーニング娘。だ。

　モーニング娘。は、『ＡＳＡＹＡＮ』というリアリティショー型のオーディション番組で誕生した[4]。もともとのオーディション企画の落選者五名が集められ、五日間で五万枚のＣＤを売り切ればデビューできる、という課題が出された。これは、デビューというゴールと、ゴールにたどり着くための条件が設定された一種のゲームであり、その主人

---

[1] 本章で取り上げるのは女性アイドルという事例に限られるが、周東が論じているように、未熟性の問題は狭義のアイドルにとどまらない日本のエンターテイメント文化に通底する問いである（周東 二〇二二）。

[2] オーディション番組『スター誕生！』が一九七〇年代の女性アイドル文化のなかで果たした役割については、太田（二〇一一：三三－四七）を参照。

[3] 『スター誕生！』がファンにおけるアイドルに対する批評的なまなざしを生み出す契機となった点については、太田（二〇一一：四四－四五）を参照。

[4] モーニング娘。のデビューとリアリティショーというテレビフォーマットとの関係については、さやわか（二〇一五：一三四－一三七）を参照。

公キャラクターとなるのがモーニング娘。のメンバーである。では、このゲームのプレイヤーは誰だろうか。もちろんモーニング娘。のメンバーたちは主人公であると同時にプレイヤーでもある。歌唱の訓練を積んだり、CDのジャケット撮影をしたり、あか抜けたメイクによって魅力を増していくプロセスは、ゲームクリアのための努力だ。しかし何一つ活動実績をもたない、いまだデビューすらしていないグループのCDを買う可能性があるのは、番組の視聴者以外にはほとんどいない。つまり視聴者こそが、メンバーたちと同様に、あるいはそれ以上に重要なゲームのプレイヤーであった。ではプレイヤーとしての視聴者たちは、ゲームクリアのために何をすればいいのだろうか。CD手売り会場に駆けつけ、CDを購入することである。果たして、設定された五つの会場には視聴者たちが大挙して押し寄せ、モーニング娘。は無事にデビューを果たした。大勢のファンが押し寄せ混乱を巻き起こした手売り会場の模様は、ブーアスティンが「疑似イベント」と呼んだ、メディア自体が生み出したイベントだといえる（ブーアスティン 一九六四：一七－二〇）。そして視聴者たちは、そのリアルな会場で開催されるイベントに参加することによって、ゲームの参加者が自分の他にもたくさんいることを体験することができる。つまり、この疑似イベントを通して作り上げられたのは、モーニング娘。というアイドル・グループだけではない。同じゲームをクリアするために共に頑張ったという、モーニング娘。メンバーとファンたちとのある種の同志的な関係性もまた同時に作り上げられることとなった。ここにみられるのは、アイドル応援のゲーム性が、リアリティショー的なオーディション番組というフォーマットと出会うことによって新たなステージに進んだ、という事実である。

二－三　テレビからネットへ

モーニング娘。がデビューした一九九八年には、すでにインターネットの普及は進み始めていた[5]。しかしアイドル応援の舞台の中心はあくまでもテレビであり、モーニング娘。が立ち上げられたのも、リアリティショー的なテレビが演出した疑似イベントを通してであった[6]。アイドル応援の舞台がテレビからネットへと移行していく大きなターニングポイントの中心に立ったのは、二〇〇五年一二月に活動を開始したＡＫＢ48（以後ＡＫＢ）だ。ＡＫＢのプロデュースを担当する作詞家の秋元康が同様に大きくかかわったおニャン子クラブがテレビ番組のなかで立ち上げられたのとは対照的に、ＡＫＢはメディアの注目を浴びることなく秋葉原の専用劇場でひっそりと活動を開始した。[7] その後、ＡＫＢはテレビを含むマスメディアを席巻するが、それはあくまでもＡＫＢがマスメディアの外側で成功を収めた後の出来事である。[8] マスメディアは、すでに一定の成功を収めたこのグループをさらに大きくする拡声器として機能したにすぎない。

　テレビによってつくられたそれ以前の多くのアイドルと異なり、ＡＫＢがマスメディアの外側で大きく成長することができたのは、それを可能とするメディア環境がちょうど出そろいつつあったからだ。ＡＫＢがデビューした二〇〇五年はYouTubeのサービスが始まった年であり、翌年には、動画の画面上にコメントを流す機能で人気を博して、二〇一〇年前後の日本のネット文化をけん引していくことになるニコニコ動画がスタートした。また、デビュー前年の二〇〇四年にはFacebookや日本版ＳＮＳとしていち早く成功を収めたmixiが立ち上がり、デビュー

---

［5］総務省の情報通信白書によれば、モーニング娘。が結成された一九九七年の日本でのインターネット利用率は九・二％、九八年が一三・四％となっている。一般家庭に広く普及しているとはいえないが、いち早く新しい技術を取り込むアーリーアダプターと呼ばれる層にはすでに広く使われている段階であった。〈https://www.soumu.go.jp/johotsusintokei/whitepaper/ja/r04/html/nd238110.html（二〇二三年一〇月一二日最終確認）〉

［6］モーニング娘。が広い人気を獲得していった後、ファンたちはインターネット上で大きなコミュニティを作りさまざまな活動をしていった。しかしモーニング娘。の運営はファンの活動をうまく拾いあげていくことができず、その点がグループの人気の停滞につながったとさやわかは指摘している（さやわか二〇一五：一四四–一四五）。

［7］ＡＫＢ活動初期の閑散とした劇場の様子については、さやわか（二〇一五：二二–二三）が当時の運営公式のブログの記述などを紹介している。

［8］ＡＫＢの活動がマスメディアの注目を浴びていくに際しては、握手券をＣＤに同封する「ＡＫＢ商法」が音楽チャートをいわばハックし、マスメディアを通してその存在感を発揮することで、より広範なファン獲得へとつながっていった。この経緯については、さやわか（二〇一五：四八–四九）を参照。

翌年の二〇〇六年には旧 Twitter（現Ｘ）のサービスも開始されている。ファンがカジュアルに発信することを可能とするこうした新たなツール群によって、ＡＫＢの存在はマスメディアの外で拡散され、成長していった。匿名掲示板での書き込みを積極的にアイドル運営に取り込んでいく、といった運営側の姿勢もあいまって、ＡＫＢはボトムアップ型の強固な草の根ファン・コミュニティを作り上げることに成功した。

ネット環境と結びついた草の根ファン・コミュニティは、アイドル応援のゲーム性の新たな次元を切り拓いた。アイドルメンバーたちによるＳＮＳやブログでの発信は、「見出す」ための材料を飛躍的に増大させた。またファン自身が、応援するアイドルをより多くの人に見出してもらうために、撮影したライブ映像を編集してアップしたり、各メンバーの魅力をブログやＳＮＳで発信したりして後押しすることが可能となった。「見出し」、「支え」、「育てる」ゲームは、ネット環境が解放したコミュニケーションのポテンシャルによって大きく変化していった。[9] この変化を象徴するイベントの一つが「ＡＫＢ48選抜総選挙」だ。

「総選挙」では、ＣＤに特典としてつけられた投票券[10]の得票数によって、グループメンバーの順位が決められていく。その上位メンバーは、メディア露出の際に有利な扱いを受け、アイドルとしてより大きな成功を収めるチャンスを手に入れる。ファンたちは、応援するアイドルがよりよい順位を獲得できるように、ＣＤを買って投票する。しかし個人で購入できるＣＤの枚数は、それぞれの経済力に応じた限界がある。そこで重要なのが、ＣＤ購入以外での貢献だ。お金の代わりに時間と熱量を投入し、応援しているメンバーの魅力をＳＮＳなどで発信する。またＳＮＳでつながるファンのネットワークを生かして「選挙対策委員会」を立ち上げ、協力体制を構築していく。順位は相対的なものなので、どれだけ頑張っても他のメンバーのファンたちがそれ以上に頑張れば順位は上がらない。各メンバーのファン・コミュニティ同士が票数を競うこのゲームでは、資金力、熱量に加え、YouTube や旧 Twitter（現Ｘ）などのＳＮＳを駆使した発信力や組織力といった総合的な力が試されていく。[11]

三　動員規模の拡大のゲームから地域の活性化へ

三―一　大量動員のゲーム

ＡＫＢの成功の条件を用意した新たなメディア環境のポテンシャルは、その他の多くのアイドル・グループとそのファンたちの活動も後押ししていった。結果として、有力なアイドル・グループが乱立するアイドル戦国時代と呼ばれる状況が到来した。そのなかで一気に頭角を現していったのが、二〇〇八年に活動を開始したももいろクローバー（のちにももいろクローバーZに改名。以下ももクロ）だ。多数のメンバーを擁し、総選挙イベントが象徴するようにその規模の大きさを活用した応援のゲームを展開していたＡＫＢに対し、二〇一〇年のメジャーデビュー時点でメンバー六人により構成されていたももクロは、ＡＫＢとは異なる応援のゲームを展開していった。

東京都渋谷区の代々木公園につながる路上でのライブからキャリアをスタートしたという経緯をもつももクロは、その路上に隣接するＮＨＫホールで毎年年末に行われる紅白歌合戦の出場をグループの目標に掲げた。そしてその目標をファンたちが共有し、自分が応援するグループをその場所に連れていくために頑張っていく、というゲームを立ち上げた[12]。とはいえ、大きな舞台でのパフォーマンスを目標として掲げ、その目標の実現に向かってファンと一緒に

［9］ここに成立したのは、ジェンキンスらが「草の根の仲介者（grassroots intermediaries）」と呼んだ、コミュニティ内でのメッセージの流れを生み出し、ブランドやフランチャイズの擁護者となる存在だ（Jenkins et al. 2013 : 7）。

［10］正確にはファンクラブの会員になることで得ることができる票も存在するが、一人当たりで利用できる数が限られているので、大量の投票をする場合にはやはりＣＤに特典としてつけられた投票券が中心となる。

［11］ジェンキンスらは、デジタルコンテンツを流通させるユーザーの主体性（user agency）をめぐるギレスピーの議論（Gillespie 2006）を踏まえて、そのような主体性は「技術的能力と社会的能力との混成物（mixture of technical capacities and social capacities）」であると要約している（Jenkins et al. 2013 : 39）。「総選挙イベントを」活性化させたのは、まさしくそのような「ユーザーの主体性」であったといえるだろう。

歩んでいくという手法は、多くのグループが採用している。ももクロにおいて特筆すべきは、目標に向かっていくためのステップの提示の仕方と、そのステップをクリアしていく速度だった。

　メンバー一人が脱退し五人体制となりながら二〇一一年八月に開催された初の大規模コンサート「極楽門からこんにちは」では、さいたまスーパーアリーナでの公演を同年一二月に行うことが発表された。よみうりランド内の会場で開催されたそのコンサートも、その時点での最大規模の六〇〇〇人収容の会場での公演だったが、新しくアナウンスされた会場は一万人を超える収容人数を誇る。そしてこのアナウンスは観客に対してだけでなく、メンバーに対してもサプライズとしてその場で初めて知らされたため、より大きな会場を観客で埋めることができるのかという不安と期待が、メンバーとファンとの間で共有される。つまり、紅白歌合戦への出場という大きな目標が、直近の大きな会場を埋めることができるのかという具体的なステップに翻訳される。より大きな会場を埋めることができるということは、グループの人気が増していることの指標であり、それは紅白歌合戦への出場につながる道しるべとなる。ファンたちはその目標に向かい、活用可能なあらゆる手段を使ってももクロの「布教」（＝推しの魅力を周知すること）に励んでいく。結果として、一二月の公演はチケット発売と同時に完売となった。そして一二月の公演では、翌二〇一二年の四月に同等以上の収容人数の横浜アリーナで二日間公演が開催されることがサプライズで発表された。こちらもチケット発売と同時に即完売となる。さらにその公演内では、三万人以上を収容可能な西武ドーム（現ベルーナドーム）での公演開催がアナウンスされ、こちらも完売となる。その勢いを受け、同年一一月にはももクロの初の紅白歌合戦出場が決まった。

　コンサートの公演中に、無謀とも見える大規模会場でのコンサート開催を発表し、それを成功させるためにメンバーとファンが一体となって走っていく。満員となったコンサート会場は、モーニング娘。におけるCD手売り会場がそうであったように、アイドル・グループを応援するゲームにおける進展の手ごたえを生で実感できるイベントとして機能する。ただしそれは、マスメディアによって作り上げられたブーアスティン的な「疑似イベント」ではない。

SNSや動画共有サイトなど、個人が発信し、草の根でのファン・コミュニティの活発な活動を可能とする新たなメディア環境と結びついた、なかば草の根のメディア・イベントである。

三-二　「春の一大事」と地域の活性化

目の前の難題を、メンバーとファンとが一体となって乗り越えていく。ももクロの活動のなかで、このような応援のゲームを象徴する看板となるイベントが「春の一大事」だ。もともとは、二〇一一年の初期メンバーのグループ脱退に際して、脱退の場となるコンサートに掲げられたのが「春の一大事」というタイトルだった[13]。その後このタイトルはシリーズ化されるとともに、グループが大きくなっていくために乗り越えていくべきハードルとして位置づけられていく。そのハードルの設定にはいくつかのバリエーションがあるが、しかしその中心に位置していたのは、グループの人気が数字となって表れる動員規模の拡大のゲームだ。先述した二〇一二年四月の横浜アリーナでの「春の一大事」二日間公演につづいて、二〇一三年の四月に行われた西武ドームでの「春の一大事」二日間公演では、前年夏の同会場での公演の倍に近い約七万人を動員した。さらには紅白出場後に新たに目標として設定された国立競技場での公演も二〇一四年の三月に「春の一大事」として実施し、約一一万人を動員した[14]。しかし、国内最大規模の会場でのコンサートを成功させたことで、動員規模の拡大のゲームはいわば天井にぶつかり、翌年から「春の一大事」の看板を冠したコンサートは開催されなくなる。紅白歌合戦の出場、そしてつづいて掲げられた国立競技場という国内

---

[12] 西（二〇一三：五一）は、「目標」を宣言しそこにたどり着くことをファンと「約束」するという身ぶりを、未来を参照点としてファンを巻き込んでいく言語行為であると分析している。

[13] 正式には「4・10中野サンプラザ大会ももクロ春の一大事〜眩しさの中に君がいた〜」。

[14] その後、日産スタジアムでの二日間コンサートも行っているが、国立競技場の収容人数を若干上回るも規模は大きく変わらない。

最高峰のステージでの公演というわかりやすい目標を達成したことで、ももクロにおける応援のゲームはファンが共有する明確なゴールを失うこととなった。

そうしたなか、二〇一七年になって「春の一大事」を冠された新たなコンサートが開催された。当時のメンバーであった有安杏果（二〇一八年に卒業）の出身地であったという縁から埼玉県富士見市で開催されたコンサート「ももクロ春の一大事2017 in富士見市〜笑顔のチカラ つなげるオモイ〜」は、地域の活性化をミッションとして設定したうえで、①既存のコンサート施設を使うのではなく野外に会場を設営して公演を実施する、②開催地の自治体と連携して実施する、という新たな試みに取り組むものであった。そしてこの公演のなかで、「春の一大事」は再度シリーズ化され、翌年のコンサート会場の選定に際しては公募を行う旨がアナウンスされた。同年一二月、滋賀県東近江市でのコンサート開催が発表され、翌二〇一八年の四月にリニューアル後二回目となる「春の一大事」が当地で開催された。その後、新型コロナウイルス感染症の流行で中断を余儀なくされたが、「春の一大事」は表1-1の形で開催されていった。

このイベントは、公演が実際に行われる二日間にとどまるものではない。開催地を募集するももクロの公式ＨＰには、過去に行ってきた活動の一部を次のように紹介している。[15]

- 広報誌や地元メディアなどで地元の良さを地域ＰＲ。メンバーも直接おうかがいして名所などをご紹介
- 地元企業さま、自治体様などとコラボ商品を開発
- 地元キャラクターとのコラボ

表 1-1　春の一大事開催日時、開催地、会場

開催日時	開催地	会　場
2017 年 4 月 8 日、9 日	埼玉県富士見市	第 2 運動公園
2018 年 4 月 21 日、22 日	滋賀県東近江市	布引運動公園陸上競技場
2019 年 4 月 20 日、21 日	富山県黒部市	宮野運動公園
2022 年 4 月 23 日、24 日	福島県楢葉・広野・浪江町	J ヴィレッジ
2023 年 4 月 22 日、23 日	広島県福山市	竹ヶ端運動公園

・地元市民様への優先チケット購入枠やご招待枠などをご用意
・設営時の施工業者様、食事や備品の手配など、地元企業様へのご依頼
・ライブ会場に隣接したエリアにて、物販＆フードパークなどのエリア展開、パーク内にて地域をＰＲいただける自治体ブースの出展

「春の一大事」においては、コンサートの本番はイベント全体の一部でしかない。コンサートというゴールに向けて、開催自治体との関係を深めながら、コンサートを盛り上げるために一緒に準備を進めていくプロセスの全体がイベントの中身をなす。そして本章の関心において重要であるのは、そのイベントプロセスの全体において、プレイヤーとしてのファンが中核的な役割を果たしているという点だ。

三-三　プロジェクトに参加するファン

「春の一大事」は、日本の地域を元気にするという明確なミッションを掲げたイベントだ。この点でいえば、コンサート自体は目的ではなく、むしろミッションを達成するための手段という位置づけになる。エンターテイメントコンテンツとしては一見転倒しているようにもみえるこの目的と手段の関係は、「春の一大事」がどのような応援のゲームとして設計されているかを考えれば、なにも不思議なものではない。

応援のゲームは、個別のイベントやコンテンツの消費に限られるものではない。それは、設定されたゴールへと向かう物語への参加行為だ。たとえば紅白歌合戦出場というゴールを達成するための物語において、個々のコンサートに参加すること、そしてそれによってコンサートの成功に貢献することは、ゴール達成のための通過点として体験され

［15］https://www.momoclo.net/archives/news/230517_01-2（二〇二三年一〇月一二日最終確認）

る。そのような物語的な位置づけが与えられることによって、コンサート自体の価値が高められる。つまりここには、コンサートそれ自体を目的とせず、もっと先に設定されたゴールに至るための手段として位置づけることによって、コンサートに物語的な付加価値が付与されるという逆説的な関係が成立している。ただし物語およびそれが生み出す価値の強度は、実際にゴールが達成されてしまうと一気に薄れてしまう。ももクロの場合、紅白歌合戦の出場、そして国立競技場でのコンサート実施という目に見えるゴールを達成することによって、実際にそのような困難にぶつかることとなった。リニューアルされた「春の一大事」は、この困難を克服するための新たな応援のゲームとして設計されている。

「春の一大事」は、日本のさまざまな地域を元気にするという一種の社会貢献をミッションに掲げており、このイベントを成功させることは、ももクロというグループの社会的な評価と結びついていく[16]。ファンにとっても、自分が応援するグループの社会的評価が高まることは大きな喜びであるとともに、自身がそのグループのファンであることから得られる価値を高めることにもつながる。「春の一大事」をコンテンツとして位置づける場合、その中核に位置するのはコンサート自体ではなく、コンサートを通じて地域の活性化に貢献し、そのことによって自分たちが応援するグループの社会的な価値を高めていくという物語への参加なのだ。ここでは、グループとファンの間で共有される目標が社会貢献を軸として設定し直されたうえで、新たな応援のゲームが立ち上げられている。

「春の一大事」の開催地が決まると、ファンはすぐに活動を開始する。特に重要な役割を果たすのは、開催地近くに住むファン有志たちによる発信活動だ。たとえば二〇一九年の富山県黒部市での開催が決定した後には、すぐに「おいでよももクロ春一富山@黒部（非公式）」という旧Twitter（現X）のアカウントが立ち上げられ[17]、黒部市の観光地や名産品についての発信を開始した。そしてファンたちは、その情報を参考にいち早く黒部市を訪れる。コンサート開始のかなり前から、ももクロメンバーも開催地のいろいろな場所を訪れるので、それらの「聖地」にもファンが訪れ、地元住民との交流がさらに活性化される。そうしたファンたちは、イベントのミッションを背負っているという意識を非常に強く持っているので、一人ひとりがいわば「大使」としての自覚をもって振る舞う。ももクロのファンは礼儀正しい、と地元の人に感じてもらうこともまた、「春の一大事」に参加する行為の一部であるのだ。

ファンがさらに踏み込んだ貢献を行うケースもある。二〇一八年の滋賀県東近江市での開催の際には、交通安全のための看板の一種で地域の名物でもある「飛び出し坊や」をファンがももクロメンバーヴァージョンにアレンジして制作し、東近江市に寄付した。この「ももクロ飛び出し坊や」は、コンサート開始前から市役所に展示され、ファンが訪れるスポットとなった。さらには、その後の富山県黒部市、福島県のJヴィレッジ、広島県福山市での開催時にも、「ももクロ飛び出し坊や」は会場に持ち込まれた。現在も東近江市役所に展示され、市の公式サイト内の「ももクロの4人の足跡をたどる　春の一大事聖地巡り【日帰り】」というページで紹介されている[18]（図1-1）。

「春の一大事」の影響は、コンサート本番終了後も終わらない。一連のプロセスで生まれた「聖地」は、前述の東近江市がそうであるように観光スポットとして位置づけられ、その後も継続してファンが訪れつづける。また「春の一大事」を通して生まれたファンと地元との関係が、その後も継続していくケースもある。たとえば富山県黒部市でのイベント開催時にもももクロメンバーが宿泊した宇奈月温泉のホテル黒部には、イベントから四年が経過した現在もなお、ホテル内にも

図1-1　東近江市公式観光サイトより（注［17］のURL）

［16］実際、観光庁が実施する「観光庁長官表彰」の第一二回において、「地方自治体と連携した地域活性化への貢献など」が評価され、ももクロに特別感謝状が贈呈されている。〈https://www.mlit.go.jp/kankocho/topics02_000193.html（二〇二三年一〇月一二日最終確認）〉

［17］https://twitter.com/haruichi_kurobe（二〇二三年一〇月一二日最終確認）

［18］https://www.higashiomi.net/modelcourse_list/model_detail_momoclo.html（二〇二三年一〇月一二日最終確認）

もクロコーナーが作られ、ファン向けの宿泊プランが用意されている。そしてそのホテルには二〇二三年九月にも、黒部市で行われたイベントに合わせてももクロメンバーが訪問した。[19]「春の一大事」は、単発のイベントではなく、ももクロメンバーとファンが一体となって開催地と関係性を作り、コンサート終了後も継続的に地域を活性化させていくプロセス全体として機能している。

　このような継続性が成立しているのは、新たな開催地が発表されるたびに、それ以前の開催地からバトンを渡していくという形式を取っていることも大きいだろう。「春の一大事」のコンサートの冒頭では、以前の開催地の首長から新たな開催地の首長へとバトンが渡されるセレモニーが設けられている。また会場周辺のエリアには、以前の開催地の自治体からもブースが出展される。会場に作られた、過去の開催地の首長と写真を撮ることができるコーナーにファンたちが長蛇の列を作るという不思議な光景は、地域の活性化に貢献し地域同士をつないでいく、というミッションへの参加が、「春の一大事」というコンテンツの体験の中核をなしている証拠だろう。

図 1-2　福島県のＪヴィレッジの会場に作られた過去の開催自治体のブース（筆者撮影）

四　まとめ

「ブランドフェスト（brandfest）」と呼ばれるマーケティング上の概念がある。これは、ブランドの価値を高めるためのイベントで、企業がブランドの顧客のために開催するのが一般的だ（Mcalexander & Schouten 1998）。ももクロの「春の一大事」も、一種のブランドフェストであるといえる。このイベントを通して、ももクロというブランドの社会的価値が高められるとともに、ファンによる忠誠心《ロイヤリティ》が強化されるからだ。ただし「春の一大事」は、ファン参加型のゲームとして設計されたブランドフェストだ。ファンの忠誠心は、ブランドとファンとの直接的なやりとりを通して強化されるのではない。地域活性化を通しての社会貢献というゴールが設定され、グループとファンとが一体となってその達成を目指すというゲームのなかで忠誠心が強化されるのだ。そのプロセスにおいてファンは、何かを提供される消費者ではなく、ブランドの価値を高めるために情熱と時間とお金をかける主体的なプレイヤーとして立ち回る。そしてそのゲームの報酬は、いわばファンとしての誇りである。そこには、「自己表現としてのファンダム」（フラード＝ブラナー・グレイザー 二〇一七：一二二）が成立している。応援するアイドル・グループが地域の人びとから感謝してもらったり褒められたりするのをみることで、そのグループを応援することの価値を自分たち自身で生み出していくのだ。

　アイドルを応援するゲームの設計は、ファンをいわば資源としてさまざまな形で活用してきた。そしてその資源としての価値は、インターネットが普及し、ＳＮＳや動画共有サイトなど個人が発信することが可能なチャンネルが整備されたことで飛躍的に増大した。ＡＫＢの総選挙イベントは、ファンの狭義の購買能力だけでなく、さまざまなスキルやネットワーク力、熱量なども含めたファンの総合的な能力が大きな価値を生み出すことを示した。そしてファンを総合的な資源として活用するという点で、ももクロの「春の一大事」はＡＫＢとは異なる、非常に興味深い事例を提供している。そこでのファン資源の核となっているのは、「よきファンでありたい」という一種の情熱だ。この情熱という資源を、地域の活性化という社会的なミッションの達成というゲームと結びつけることで、ファンたちが自発的にももクロのブランドの価値を高めるために行動する。そしてその活動が、ファンの忠誠心やファン・コミュニティの結束力を高めることにつながっていく。これは、ファン自身がファンを管理し、新たなファンを発掘していく「ファン・リレーションシップ・マネジメント」と呼ばれるマーケティング実践の成功例としても数えることができるだろう[20]。

[19] 富山・ＫＮＢラジオで制作された特別番組『ももクロの湯けむりトーク presented by 鏡月Green』の収録がホテル黒部で行われた。〈https://www.knb.ne.jp/bangumi/momokuro/（二〇一三年一〇月一二日最終確認）〉

[20] 「ファンリレーションシップ・マネジメント（ＦＲＭ）」についてはAdamson et al.（2006）を参照。

インターネットという武器を手にしたファンにはどのような可能性があるのか。これは、これからの社会の多くの場面で重要になっていく、あるいはすでに重要になっている問いだ。「春の一大事」は、きわめて忠誠心が高く、またファンであることの誇りを重視する特定のファン・コミュニティを資源とすることで可能となる、ある種の応援のゲームの可能性を示している。たしかに、これは特殊な事例で、応用できるケースは限られてくるかもしれない。しかしその反面、ファンが持つ可能性について大きな示唆を与えてくれる事例でもあるだろう。

【引用・参考文献】

太田省一（二〇一一）『アイドル進化論――南沙織から初音ミク、ＡＫＢ48まで』筑摩書房

境真良（二〇一四）『アイドル国富論――聖子・明菜の時代からＡＫＢ・ももクロ時代までを解く』東洋経済新報社

さやわか（二〇一五）『僕たちとアイドルの時代』星海社

周東美材（二〇二二）『「未熟さ」の系譜――宝塚からジャニーズまで』新潮社

西兼志（二〇一三）「アイドルと生イベントのリミックス――リアル化するメディア環境とももいろクローバーZ」谷島貫太・松本健太郎〔編〕『メディア・リミックス――デジタル文化の〈いま〉を解きほぐす』ミネルヴァ書房：四一–六一頁

ブーアスティン、Ｄ／星野郁美・後藤和彦〔訳〕（一九六四）『幻影の時代――マスコミが製造する事実』東京創元社

フラード＝ブラナー、Ｚ・グレイザー、Ａ／関美和〔訳〕（二〇一七）『ファンダム・レボリューション――ＳＮＳ時代の新たな熱狂』早川書房

モラン、Ｅ／渡辺淳・山崎正巳〔訳〕（一九七六）『スター』法政大学出版局

Adamson, G., Jones, W., & Tapp, A. (2006) From CRM to FRM: Applying CRM in the football industry. *Journal of Database Marketing & Customer Strategy Management*. 13(2): 156–172.

Gillespie, T. (2006) Designed to 'effectively frustrate': copyright, technology and the agency of users. New Media & Society. 8(4): pp.651-669.

Jenkins, H., Ford, S., & Green, J. (2013) *Spreadable media: creating value and meaning in a networked culture*. New York University Press.

McAlexander, J. H., & Schouten, J. W. (1998) Brandfests: Servicescapes for the cultivation of brand equity. J. F. Sherry, Jr (ed.) *Servicescapes: The concept of place in contemporary markets*. NTC Business Books. 377–402.

第二章　コンテンツに対する「長さ」の「ズレ」をめぐる試論

「アニメ」と「マンガ」の受容空間の違いに着目して

永田大輔

一　はじめに：マンガ・アニメ受容の分離と再統合を可能とする受容空間

本章では現在のメディアミックスの状況について考えるためにマンガ作品とアニメ作品の「長さ」のズレとその要因となる空間的条件について考察し、その差が現在どのように変化しつつあるのかについて議論する。

ここ数年の劇場版アニメーションのヒット作を見渡すと、連載中の長編作品の劇場版作品が多様なメディアミックスを連動させつつ大ヒットしたという特徴が挙げられる。しかし、これはいっけん不思議なことのように思われる。というのも第二節で示すようにマンガの長編化とアニメのメディアミックスを中心とした展開はもともと齟齬をきたしてきており、これまでの傾向として、その長さの違いにより両者のファンダムはゆるやかに離れつつあったからである。マンガの長編化は、書店においてマンガが大きな存在感を示すようになることによって初めて可能になる。つまり、それはどこでも安価にマンガが購入できるという出版流通のインフラストラクチャーの形成を前提にしたものである。第三節では、その歴史的形成過程について論じる。こうしたマンガの動向に対してアニメは徐々に作品の継続話数が少なくなる傾向にあった。一九八〇年代からＯＶＡ（オリジナル・ビデオ・アニメーション）などをはじめとしてファンベースの展開をし、九〇年代以降その商品圏を支えるようなオタク的な都市空間が編成されるようになった。このようなファン志向の空間では、常に新しいコンテンツを回転させることでその商品圏を保つため、個々のコンテンツは短期化していく傾向にあった。このことについては第四節で示す。一方で近年の電子書籍化やサブスクリプション化によって、双方「一気見」を可能にする環境が実現しつつあることで再度マンガ文化とアニメ文化が結びつきつつある可能性について第五節で論じたい。

二　マンガ文化とアニメ文化のズレと重なり

二―一　ヒットし続ける長編作品

近年、アニメ映画のヒット作が数多くみられる。これまでもアニメ映画が邦画全体でランキング上位に入ることはそれほど珍しいことではなかった。たとえば一九八〇年代以降のスタジオジブリの宮崎駿監督作品や二〇一〇年代以降の新海誠の監督作品が邦画の歴代興行収入で上位を占めていたことはよく知られている。一方、二〇二〇年に公開された『劇場版「鬼滅の刃」無限列車編』は国内の歴代邦画興行収入一位を記録しており、マンガを原作としてそのストーリー通りに展開された作品でこれほどの興行収入を記録したことは異例であった。さらに二〇二〇年代に公開された『ONE PIECE』（ワンピース）や『名探偵コナン』の最新の劇場版作品も、これまでの興行収入を大きく超えた。どちらも連載開始から二五年を超える作品であり、それらがともに作品内歴代一位の興行収入をあげたのである。

一〇〇巻以上にもわたる長期連載作品が再ブームともいうべきブームを引き起こしたのは理由のないことではない。これらの劇場版作品、特に二〇二二年に公開された『ONE PIECE FILM RED』はマンガやアニメ本編との関連づけが強く意識されていた。さらに公開期間にアニメ一〇〇〇話を迎え、原作も一〇〇〇話を超えたタイミングであったために、作品全体を振り返るような仕掛けがマンガ・アニメともに展開され、それに加えて、YouTubeなどのソーシャル・メディアが積極的に活用された。つまり新旧さまざまな視聴者層を結びつけるように工夫された複数のプロモーション戦略が展開されていたのである。少し具体的に見てみよう。

　まず本編との関連づけとして、映画のヒロインである歌姫ウタが原作第一話（アニメでは第四話）から登場する主要キャラクターであるシャンクスの娘であるということが宣伝段階から公にされており、ＰＶの段階で主人公ルフィの幼なじみであることも明らかになった。それに伴って原作第一話前後のエピソードの中に実はウタが登場していたという設定が追加され、アニメで特別編としてそのエピソードが描かれた。

　ヒロインであるウタは声優担当（名塚佳織）と歌唱担当が分けられ、歌唱は若者に絶大な人気を誇るＡｄｏが担当し、Ａｄｏ自身のキャラクターとウタが重ね合わされる形でメディア展開された。ウタ名義で歌った曲がＡｄｏのYouTubeの公式チャンネルで公開され、数千万から一億回以上再生されるに至っている。また、ウタがワンピースのYouTube公式チャンネルで配信者として配信をするほか、ウタの名義でＡｄｏが歌い、名塚がトークの声を当てる形で日本レコード大賞や紅白歌合戦に出演した。こうした近年のメディア・プラットフォームを活用したプロモーションを原作と関連づけながら行ったことが大きなヒットの要因となったといえる。

　このヒットで重要なのは、それが原作自体の人気にも還元されたことである。人気還元のためにこのタイミングでさまざまな振り返りの仕掛けがなされていた。たとえばアニメの一〇〇〇話が公開されたタイミングで一秒に一話一場面ずつ、その時期のＯＰ主題歌とともに振り返る一〇〇〇秒の動画が作られた。この動画によって視聴者は視聴済みの部分に関しては振り返ることができ、記憶がおぼろげな部分に関しては、必要とあれば各種サブスクリプションサービス（以下サブスク）でその抜けを補うことができるのである。それと同時に当時最新のエピソードであったワノ国編の直前にあたる九〇巻までの原作が一部電子書籍として順次無料公開されていた。これにより、劇場版の盛り上がりを原作の人気にもつなげることができ、その伏線と最新のエピソードがつながりをみせることで新たな人気を得ることが可能になっている。

しかし、本章では、ここでいったん立ち止まり、そもそも『ONE PIECE』のような長大な伏線が張り巡らされ、途中から新たな読者や視聴者が参入することが難しく見える長大なストーリーマンガがあたりまえになったプロセスに注目してみたい。そして、この問いの視点から、本章ではマンガとアニメのメディアミックスの結びつきについて受容空間とコンテンツへのアクセシビリティという観点から議論したい。

二―二　分かれていくマンガ文化とアニメ文化

かつてと比べ、マンガ文化とアニメ文化というのは、無条件に結びつくものではなくなっている。その理由の一つとして、マンガが主要なアニメの原作ではなくなっていったことがある。とりわけ主要少年雑誌で連載されるマンガがゴールデンタイムで長期にわたってアニメ放映される機会は近年大きく減少している。仮にマンガ原作のアニメが放映されたとしても、数回に分けて展開されることが主流である。

しかし、この問題を考えるうえで重要なのはアニメという媒体とマンガという媒体それ自体の変化である。主要少年雑誌においてヒットするマンガ作品はますます長編化しているが、それに対してアニメ作品の大半は一クール（四半期）か二クール（半期）でいったん完結することが前提となっていることに注目したい。こうしたズレはアニメというものが原作の本編の一部のみを放映することを前提として成り立っていたことによる。

こうした長さのズレがどのように漸次的に形成されてきたのかを考えるために、本章では都市・地域におけるコンテンツに対するアクセシビリティという観点から議論を展開する。そのことによって、冒頭で論じたように長編マンガが原作となったアニメの大規模なヒットが可能になった二〇二〇年代の受容状況についても併せて考察したい。

三　「長さ」を可能にする受容空間

三-一　コミックスのメディア史が提起した視点

マンガの「長さ」を考えるうえで補助線となる重要な議論として、山森宙史の『「コミックス」のメディア史』における歴史社会学的な検討を取り上げよう（山森 二〇一九）。これは、歴史的な経緯はさまざまだが、雑誌とマンガ単行本（以下コミックス）との関係がどのように移り変わったのかといった議論と、コミックスを受容する空間がどのように作り上げられたのかという議論である。

山森の議論で重要なのは、マンガを書店の棚におかれる物質性を持つもの、つまり書物として歴史的に検討した点である。特にそうした書物としての物質性を考えることによって、流通が限られていたこと、本棚を圧迫することという二つの制約が明らかになる。山森によると戦後から大手出版社では雑誌を出すことに主眼がおかれ、単行本は中小出版社が担うことが多かった。このことは出版社の労働力とも強く関わっており、雑誌を出す大手の出版社においては、まずは独立したマンガ雑誌を刊行することが目標とされていた。一方、単行本は新書などの形態で発売されていた時期もあったが、新書は通常の新書スペースへの配架が前提となっており、棚の制約があるため巻数ごとの抜けが出やすいという問題をかかえていた。そのため、初期の日本のマンガ単行本は単巻や短く完結するもの、あるいは一話完結のものなど、巻をまたいで読み続ける必要のないものがその中心を占めることになったという。

こうした状況が変化するのはマンガ雑誌のなかで週刊少年雑誌の存在感が増してきた時期である。時折さまざまな事情で休載が発生するため、週刊で雑誌を刊行するためには多くの連載を維持しておく必要があり、そうしたなかで次第に人気のある作品の連載の長期化が起こることになった。山森によるとはじめは中小の出版社が作品をまとめた単行本の販売を担っていた。とはいうもののすべての連載をまとめていたわけではなく、順番なども頻繁に再編集がなされていたが、六〇年代の後半から七〇年代にかけて、主要週刊少年誌の連載作品を雑誌の出版社がコミックスとして出版することが標準になっていったという。これによって連載された作品はすべてコミックスとして出版されることが可能になった。この段階においてはじめて、長期の連載を前提とした長編ストーリーマンガを刊行していくための条件が整うのである。

この時期以降、新刊のコミックスの出版点数は急増することになる。同時に、その動きと平行してどのような場所にマンガを置くかについての論争もさかんに行われるようになる。当時はマンガに対するネガティブなイメージも強く、書店にはマンガを置くことへの葛藤があった。しかし次第に商業的な判断が重視されていった結果、七〇年代を通してマンガの棚は漸次的に書店の中へと設置されていったのである。

三-二　長期連載を可能とする受容空間

ここまでの議論が『コミックスのメディア史』の概要である。このような経緯をたどってマンガという媒体において長編作品は七〇年代から次第に安定して存在するようになってきた。雑誌に連載された作品であることが、コミックスとして出版されるうえでの前提となり、八〇年代には連載が長期化する。しかし、そうしたプロセスをたどっていくと別様の問題が発生することがわかる。それは書店や消費者（マンガ読者）がコミックスのための専用の棚を作っていても、長期連載の作品がその棚にしだいに収めきれなくなってくるという問題である。

反対にいえばその問題が漸次的に解決されることで、人気さえあればより長い連載が可能になるのである。一話完結でない長編マンガが存在するためには、これまでに出版されてきた全作品へのアクセスが容易であること、またその集めた作品を必ずしも手元に置き続けなくてよいことの二つの条件が必要となる。九〇年代以降から二〇〇〇年代に整備されたのは、この環境であった。たとえばブックオフの店舗数の増加の背景には、マンガの読者が買ったコミックスの処分先に困るケースが増加していたことがある。加えて、マンガ喫茶など、まとめてコミックスを読むことが可能なアーカイブ空間が形成されてきたことも、手持ちのマンガをブックオフなどで手放すインセンティブにつながっていた。

マンガの長編化は同時に店舗の在庫の問題の変化とも関係している。もともとマンガの長さは書店のどれだけの棚が確保されているかという制約を受けていたことは前述した。つまり、書店に置く必要がなければ、その長さは，言わば無限に延ばすことが可能になる。Amazon に代表されるインターネットを経由した書籍購入が常態化することで、こうした在庫を抱えるという問題の構造は大きく変容した。それと同時に二〇一〇年代に起こったもう一つの変化がタッチパネルを実装したスマートフォンの普及と物理的な場所を圧迫しない電子書籍の一般化である。そうした環境下において大ヒットをすれば五〇巻を超え一〇〇巻にも迫るような超長期連載作品が可能になり、その長さが破綻しないような構想力が高く評価されるようになったのである。それに加えて、そのマンガを享受する年齢層の拡大もまた、この長期化したコンテンツを受容する前提を作っていった。こうした流通と消費をめぐる状況が、伏線を軸に作品が評価されるような枠組みへと接続しているのである。

一方でこうした連載の長期化に関わるさまざまな条件はマンガとアニメの関係も大きく変えていくことになる。そのなかでも、マンガの人気連載作品の長期化に比べてアニメの主流が次第に短期化された作品に移っていった点は注目に値する。このズレについて議論をするうえで重要なのは、次節で検討するアニメ作品をめぐる環境の変容である。

四　「映像を買う／借りる」という経験とアニメの短期化

四-一　「映像を見返す」という経験

一九七〇年代後半から一九八〇年代中盤にかけてアニメの受容空間は大きく変容した。その最大の特徴は、アニメが子どもに限らない趣味の一つとして受容されるようになったことである。こうしたなかで重要な役割を果たしたのが、ビデオとアニメ雑誌という媒体の存在である（岡田 一九九六）。ここにおいて重要なのは録画を溜めて見返すことができるということ、そして、それによって視聴の仕方を共有することが可能になるということである。

近藤和都が明らかにしているように、アニメ雑誌は視聴者による情報の共有を通してアニメを深く見ることを可能にしたり、見たことがなくても見たかのような経験を提供したりすることを可能にした（近藤 二〇二〇）。また、ビデオはいうまでもなく映像を繰り返し見ることを可能にした。視聴する映像を選び、それを保存することが可能になったことで、テレビで放映されるより長い時間アニメを見ることが可能になる。これによって映像を趣味にすることが可能になっていくのである。そして、次第にそうした映像を趣味にする人びとの存在が認識されることで、そのファン層向けの商品が作られるようになっていく。

四-二　「映像を買う」ことで可能になる受容空間

ファン受容が出てくるなかで台頭するのが、八〇年代中盤から出てくるＯＶＡと呼ばれるパッケージソフトの存在である。一九八三年に初めてのＯＶＡが出てきて以来、八〇年代の後半にかけて製作本数は増していく。「ビデオなら五千人から一万人の人が買ってくれれば儲かるとは言えないけれど商売が成り立つ」（『Animec』一九八四年六月四三頁）と言われていたが、こうした作られ方はアニメ製作人口が限られていたなかで、当時の放送を中心としたテレビアニメの製作と拮抗するまでに至る（永田 二〇一七、二〇二〇）。八〇年代後半になると、より両者の距離は曖昧になる。パッケージの購買を前提としたアニメ製作がなされることによって、初めて可能になるのが視聴率をとることを前提としない深夜帯のアニメである。直接のきっかけは、一九九〇年代後半における『新世紀エヴァンゲリオン』などであるといわれている。これはテレビ放映されるものの、視聴率よりも関連商品の売り上げやパッケージソフトの売り上げを前提にしたものであった。

四-三　「映像を借りる」空間の拡大

こうしたパッケージソフトはアニメに限らず多くの領域で作成されるようになり、アニメと同様にテレビ放映されたものをパッケージ化することも次第にそれほど珍しいものではなくなっていった。こうした流れを可能にしたのはレンタルビデオ店の登場である。アメリカのレンタルビデオ史を『ビデオランド』（ハーバート 二〇二一）で検討したダニエル・ハーバートは、レンタルビデオ店の歴史をサブタイトルで「もう一つの映画史」と位置づけている。すなわち、人びとが旧作の映画などのアーカイブにアクセスすることが可能なのはレンタルビデオ店の存在が大きく、どのような映画にアクセスできるかはその地域のビデオ店の品ぞろえに依存するという議論である。つまり映像を趣味にする地理的条件（趣味の地理学）を同書では検討している。しかし、映画に限らずビデオ店という近所にあるアーカイブ空間の成立は視聴者（消費者）と映像との接し方を大きく変えるものであった。

八〇年代の前半ごろから映画などのビデオを貸与することは、海賊版対策などもあり、法律上非常に微妙な位置にあったため、合法的な利用に向けての制度化は必須であった。こうした制度化への努力が実り順次ビデオ店は合法化されていったが、「ただやはり違法店を利用していると心が痛みます」（『Animec』一九八四年一二月　一六三頁）や「〝お金がない〟ことを理由に、著作権無視で行われているレンタルを利用していいものかどうか」（『Animec』一九八四年一二月　一六四頁）という投稿がされるなど非合法な店舗も多かった。そのため、ビデオには当時からアンダーグラウンドなイメージが存在した。

そうした文化を大きく変えることになったのは郊外型の大型複合書店、つまりTSUTAYAの登場である。一九八三年に枚方に蔦屋書店の一号店ができるが、この頃から創業者の増田宗昭が目指していたのはアンダーグラウンドなイメージの払しょくであった。こうした郊外型の店舗の登場により、普通の人びとでも映像作品の利用が可能になったのである。一方でアニメなどは次第に独自の空間で収益を上げることになっていく（この点については永田（二〇二一）で論じた）。

四-四　「映像」が分かれるとき

九〇年代からアニメの映像だけに限らずさまざまな関連商品の販売がされる「オタク向け」の趣味空間も整備されていく。例えば秋葉原について論じた森川の『趣都の誕生』では、かつて電気街であった秋葉原が九〇年代を通じてオタク的なコンテンツなどと関連した店舗が多く立地するようになったことを議論し、その空間を「趣都」として位置づけた（森川 二〇〇三）。

　このようにアニメ文化は放送という形態をとりながら、次第に都市などのコミュニティやオタクというファン・コミュニティをターゲットにしたものへと移行していった。そして次々と新しい多様な作品が展開されることが合理的になっていく。

　ここまでの議論を少しふりかえっておこう。ここまで説明してきたように、マンガは順次コミュニティを超えて、出版全体の中で大きくシェアを増やすことになっていく。一方でアニメという文化はいわゆるオタクと呼ばれるようなコミュニティを対象とする映像制作とそれと関連した商品圏が連動することで、繰り返し多くの商品を作ることが要求されることになっていった。その結果、マンガはますます長編化の傾向を強め、一方で、アニメは一クールから二クールの短期で完結する作品が増加していく。この空間・コミュニティに対する志向性の違いがこの長さに関する違いを生み出していくことになり、その他のより適切な長さのアニメの原作（終了が見える美少女ゲームやライトノベル・ソーシャルゲーム）が増えていくなかで、マンガはその中心的な位置を失いつつあるように見受けられていたのである。

五　サブスクサービスと再統合

　一方で、前節までみてきたような分離は、現在、次第に解消されていっているようにみえる、というのが本章の二節で論じた見立てである。そのきっかけとなったのがいくつかのメディア・プラットフォームを前提としたマンガの電子化とアニメのサブスク化である。これが連動することでマンガ・アニメ双方の長さの問題に新たな段階が訪れつつあるのではないだろうか。

　ファン研究の中でジェンキンス（二〇二一）が問題にしたファン文化（ローヤルな視聴者）と一般的な受容（ザッパーな視聴者）の二極化の問題に議論をなぞらえるならば、マンガ文化、とりわけ少年誌での連載作品などはより一般的な方向へと展開し、アニメ文化は反対にファン志向で行われることになった。これによって長大なストーリーマンガが成立し、マンガとアニメのズレが次第に顕在化してくることについてはすでに述べた。しかし、近年この差が新たな局面へと変わりつつあることで冒頭のような事態が起こっている。

それはマンガ自体が一般向けを志向する歴史のなかで次第に長編ストーリーマンガを主流としていったことに関係している。この長編ストーリーマンガは、ある長さを超えるとそれを追ったり集めたりすること自体が大きなコストとなる。コミックスが一〇〇巻に迫り、時にそれをも超えるような超長編作品は、いくら読み捨てを前提にし、一冊一冊が安価だったとしても、それを追うこと自体がファン的な行為となっていくからである。

そうしたなかでアニメというファン志向の強いコンテンツベースへの展開は、新たなファンを導入する重要なきっかけになる。そして作品への新規アクセスを可能にしたのがマンガの電子化とアニメのサブスク化である。これによってほぼ無料に近い形で一時的に最新の物語に追いつくようにする仕掛けを設けているのである。

こうしたビジネスモデルは、どこまで一般化することができるのか定かではないが、少なくともいくつかの長期継続マンガ連載とアニメのメディアミックスの問題を考えるうえでは重要である。しかし、これによって表現全体を考えたときには二つの問題が生じるように思われる。

一つは超長期コンテンツへのニーズが何度でも呼び起こせるようになることで、一度ヒット作となることで安定したストーリー連載を持つことができるようになり、伏線などを十全に練ったストーリーを展開することが可能になるが、一方でそうした作品とそうでない作品の二極化がより進行し、新作が新たにヒットする機会が圧迫される可能性がある、というものだ。もう一つ重要な点としてこうしたマンガ・アニメのような往還はサブスクの戦略に大きく左右されることになる可能性が考えられる。本章の視点はあくまで論理的な水準の試論的な議論であり、個々のプラットフォーム企業の戦略などに関しては今後の議論が必要になるだろう。

このようにアニメ・マンガと「場所」の関係は多層的に論じられうる課題であり、それについてはさまざまな研究者と共同しながら議論していく重要な課題である（その端緒としての論集を現在準備中である）。

【引用・参考文献】

岡田斗司夫（一九九六）『オタク学入門』太田出版

近藤和都（二〇二〇）「アニメブームのインフラストラクチャー――『機動戦士ガンダム』をめぐる放送格差と雑誌読者」永田大輔・松永伸太朗［編］『アニメの社会学――アニメファンとアニメ制作者たちの文化産業論』ナカニシヤ出版：一八九-二〇三頁

ジェンキンス、H／渡部宏樹・北村紗衣・阿部康人［訳］（二〇二一）『コンヴァージェンス・カルチャー――ファンとメディアがつくる参加型文化』晶文社（Jenkins, H. (2006) *Convergence culture: Where old and new media collide*, New York University Press.）

スタインバーグ、M／大塚英志［監修］／中川譲［訳］（二〇一五）『なぜ日本は〈メディアミックスする国〉なのか』Kadokawa（Steinberg, M. (2012) *Anime's media mix: Franchising toys and characters in Japan*. University of Minnesota Press.）

永田大輔（二〇一七）「アニメ雑誌における「第三のメディア」としてのＯＶＡ――１９８０年代のアニメ雑誌の構造的条件に着目して」『ソシオロジ』六一（三）：四一-五八

永田大輔（二〇二〇）「ＯＶＡという発明――「テレビ的なもの」の位置づけをめぐって」永田大輔・松永伸太朗編『アニメの社会学――アニメファンとアニメ制作者たちの文化産業論』ナカニシヤ出版：一六〇-一七四頁

永田大輔（二〇二一）「ビデオ受容空間の経験史――「趣味の地理学」と１９８０年代のアニメファンとの経験の関係から」『マス・コミュニケーション研究』九九：二〇九-二二七

ハーバート、D／生井英考・丸山雄生・渡部宏樹［訳］（二〇二一）『ビデオランド――レンタルビデオともうひとつのアメリカ映画史』作品社（Herbert, D. (2014) *Videoland: Movie culture at the American video store*. University of California Press.）

森川嘉一郎（二〇〇三）『趣都の誕生――萌える都市アキハバラ』幻冬舎

山森宙史（二〇一九）『「コミックス」のメディア史――モノとしての戦後マンガとその行方』青弓社

第三章　広告小説の可能性

中吊り広告と読者共同体の生成

伊豆原潤星

一　はじめに

電車に乗りこむと、色とりどりの多種多様な広告が目に飛び込んでくる。特に目立つのは、車内中央部の天井から吊り下げられた「中吊り広告」であろう。週刊誌の広告や飲料水の広告など、形も色もさまざまな広告が並ぶ。海外にも車内広告自体はあるが、それらは壁面や窓に掲示する広告形態が多く、天井から吊るす形態は決して主流ではない。「中吊り広告」は日本で独自の進化を遂げた広告文化なのである。

日本で車内広告が広く受容されているのは、都市部の電車利用事情によるところが大きい。二〇二〇（令和二）年度の国勢調査（総務省統計局二〇二〇）によれば、全国の通勤手段についての設問に「鉄道・電車のみ」と回答した人は一七・一％だった。それに対し、「自家用車のみ」と回答したのは四六・九％である。全国的に見れば、自動車通勤している人の方が圧倒的に多い。しかし、東京においては、電車通勤の割合は四六・一％、自動車通勤の割合は八・四％と完全に逆転する。上記の数値は「交通手段が一種類」と回答した人のなかで「鉄道・電車のみ」とした人の割合であり、他の交通手段と組み合わせて利用している人の割合を加味すると、東京において電車を通勤に利用する人の割合は五八・二%にものぼっている。大阪においても事情は同様で、自動車通勤より電車通勤をしている人のほうが多い。このように、都市部において電車の利用が一般化していることが、電車内広告の多さにつながっているといえよう。企業は、利用者の多い電車における広告効果を期待するからである。

しかし、電車利用者の多さだけでは、車内で特に目立つ「中吊り広告」が氾濫している理由を説明できない。なぜなら、東京と電車利用者の割合がほぼ同じニューヨークでは「中吊り広告」はほとんど見られないからだ。「中吊り広告」が多い理由は、電車利用率よりも電車混雑率に求められよう。二〇二一年の東京における電車平均混雑率は一二三%であった。国土交通省の定義によれば、混雑率一五〇%は「広げて楽に新聞を読める」、一八〇%は「折りたたむなど無理をすれば新聞を読める」、二〇〇%は「体がふれあい相当圧迫感があるが、週刊誌程度なら何とか読める」という目安である（国土交通省鉄道局都市鉄道政策課 二〇二三）。二〇二一年の一二三%という数値は、新型コロナウイルス感染症への対策に伴う利用者減少の影響によるもので、それ以前の二〇一九年の平均混雑率は一六三%であった。このように、東京の電車においては定員超過が常態化している。さらに時代を遡れば、一九八五年の平均混雑率は二一二%という驚異的な数値を記録している。超満員の車内で手持ち無沙汰となった乗客は、どのような位置からも見ることができる車内中央に吊るされた広告を眺めることになるだろう。これが日本において「中吊り広告」が発達した大きな理由と考えられる。

車内における「中吊り広告」の歴史は、明治時代にまでさかのぼる。日本初の鉄道は、一八七二年に開通した新橋と横浜を結ぶ路線である。猛スピードで走る鉄道に初めて乗った明治の人びとは、乗り物酔いに見舞われることになった。そのため、酔い止め効果を期待されて万能薬を呼称する「宝丹」が飛ぶように売れたという。鉄道開通から六年後の一八七八年に登場した日本初の「中吊り広告」も酔い止め薬「鎮嘔丹」の広告であった（宮野 二〇〇九：一六五―一六六）。車内で酔った人びとは、酔い止め薬の広告を見て降車後に「鎮嘔丹」を買い求める可能性が高い。広告ターゲットを明確に見据えた広告といえるだろう。「中吊り広告」は、鉄道に乗る人びととの心理と密接するように発展した媒体なのである。

本章では、このような「中吊り広告」を分析の対象としたい。ただし、扱うのは商品名に加えてキャッチコピーを記した一般的な「中吊り広告」ではなく、小説形式の「中吊り広告」である。そもそも、広告以前に電車と読書は親和性が高い。先に述べた国土交通省の混雑率の定義においても、「新聞が読める」「週刊誌が読める」というように、何かを読めるかどうかが目安であった。つまり、電車に乗ることと、読むことという二つの身体動作はつながっていると当然のように考えられているのである。

本章では、まず車内における読書の歴史を確認し、そのうえで「中吊り広告」と「小説」を複合した『中吊り小説』の本文を同時代の文化状況を踏まえながら分析していく。なお、本章では、電気で走る列車を「電車」、それ以外の動力で走る列車を「鉄道」と表記して区別する。

二　車内で「読む」ということ

ヴォルフガング・シヴェルブシュは、鉄道以前の馬車では移動中の風景を楽しむことができたが、高速で走る鉄道は風景を喪失させ、人びとは出発点と到着点を輸送されるだけの存在となったことを指摘している。そして、鉄道によって失われた風景の代替として読書が行われるようになったことを論じている。さらに、シヴェルブシュは車内読書習慣の定着理由として、風景の代用だけでなく、乗客間のコミュニケーションの代用を挙げている（シヴェルブシュ一九八二：六九－八八）。鉄道以前の馬車による移動は、数時間どころか数日にわたる場合もあった。そのような場合においては、乗り合わせた客と親密なコミュニケーションを取った方がよい。同じ空間で長時間過ごす以上、相手のことをある程度知っておいたほうが快適に過ごせるからだ。しかし、短時間しか乗車しない鉄道においては、そのようなコミュニケーションはむしろ煩わしい。したがって、他の乗客とのコミュニケーションを回避する手段として読書が選び取られるのである。本を読んでいれば、話しかけられる可能性は低くなる。その結果、車内読書習慣が一般化していった。それと共に、駅構内での書籍販売も発達していく。

日本においては、鉄道開通とほぼ同時期に駅構内での新聞販売が開始されている。このことは、西洋において鉄道と読書が一体化した後に鉄道が開通したため、鉄道と車内読書習慣が同時に輸入されたためであろう。では、明治時代の人びとは鉄道内において、どのように読書を行っていたのだろうか。

前田愛によれば、明治初期まで人びとは本を黙読するのではなく音読していた。本は共同体のなかで読まれるものであり、個人ではなく集団で受容するものだった（前田 二〇〇一）。前田はその理由を生活様式や民衆のリテラシーや文学の性格などに求め、それらの向上・変質とともに音読から黙読へと移行していったと説明する。鉄道内の読書も同様で、明治初期には声に出して行われていたことが確認できる。たとえば、一九〇四年に発行された『平民新聞』には読者の声が以下のように書かれている。

> 私は平民新聞の愛読者にして商用にて地方出張の時汽車にて読むも、兎角他の乗客が横合より覗き読み且声を高く読まるゝに閉口しますが、社会主義より見る時は其儘に読ませ置くものなるや（縁故坊 一九〇四）

新聞を広げている横から他の乗客が覗き込んで音読するというのは、現代では考えられない状況ではないだろうか。しかし、覗かれている側も「閉口」する程度で、さほど拒否感を示しているわけでもない。むしろ、社会主義の宣伝のためといって肯定さえしている。このように、明治初期は、家だけでなく鉄道においてさえも読書は声に出して行われており、忌避されるような行動では決してなかった。いつまで人びとは鉄道内で音読をしていたか、正確なことは不明だが、管見の限り鉄道内での音読に言及した記事は大正期には確認できない。このことは、前田が指摘しているようなリテラシーの向上や文学の性質の変化だけでなく、鉄道に対する人びとの意識の変化も要因としてあるだろう。三戸祐子によれば、鉄道は効率的な運行のために、人びとに「乗車マナー」の周知徹底を図った（三戸二〇〇一）。先に車内の人が降り終わってから乗り込むといったことや、駅構内の整列乗車など現代にも残っているマナーである。このことで、一九一四年に一～二分程度だった駅停車時間は、一九二五年には二〇秒に短縮されることになる。長時間停車している電車に自分の基準で乗っていた人びとは、電車の基準に合わせて効率的な行動をとらざるをえない。このような他者を尊重するマナーが一般化した空間においては、もはや他の乗客の新聞を堂々と覗き込み音読することはできまい。乗り合わせた他の乗客と読書を共有するのではなく、個人で読書に没入することが一般化していくのである。

一九八〇年に浅川千賀子がまとめた電車内での読書状況の観察調査結果の末尾には、車内で読書している人に書名を尋ねた結果が載せられている（浅川 一九八〇）。その結果からは、多くの人が車内でミステリーを読んでいることがうかがえる。本のなかでもミステリーと鉄道は相性がよい。なかでも文学史上重要な小説として、一九七八年に書かれた西村京太郎の『寝台特急《ブルートレイン》殺人事件』がある。本作はベストセラーになり、列車や観光地を舞台とした「トラベル・ミステリー」がブームとなるきっかけとなった。人びとは、時刻表トリックや名所での殺人事件などを、舞台となった場所に向かう旅の道中の娯楽として消費したのである。旅でなくとも、日常生活のなかで旅の気分を楽しむために読むこともあった。通勤・通学といった変わらない日常のなかで、非日常を味わえる「ミステリー」が選びとられたのであろう。

消失した風景の代替として始まった車内での読書習慣は、外界を遮断するための方法へと変化していった。人びとは多くの他者と乗り合わせる車内で、現実とは違う世界を体験するために読書するのである。電車は、決まった目的地へと輸送するための装置でありながら、どこか別の場所へと運ばれることを期待する装置でもあるのだ。このことをよく表しているのが、次節で確認する、電車内に中吊りで掲示された『中吊り小説』である。

三　中吊り小説

『中吊り小説』は、ＪＲ東日本のTokyo Trainキャンペーンの一環として、一九九〇年九月から一九九二年一一月にかけて東京都内を走るＪＲ車内に中吊りの形式で連載された小説である。『中吊り小説』の連載作家は、吉本ばなな・高橋源一郎・阿刀田高・椎名誠・村松友視・泉麻人・曽野綾子・森村桂・高橋三千綱・嵐山光三郎・秋元康・森瑤子・ねじめ正一・赤川次郎・和田誠・浅井慎平・安西水丸・常盤新平・伊集院静の一九名。『中吊り小説』は週に二回掲載され、小説の末尾に次回の掲出予定日が付される形式であった。小説中央には挿絵が付されており、新聞や雑誌の連載小説と同様のレイアウトとなっている。同時代に広く人気を集め、掲出外の北海道からも問い合わせがあったようだ。その人気を受けて、ＪＲ東日本に取材した記事が当時の『朝日新聞』に載っている。記事のなかでＪＲ東日本は、一九名の作家に依頼した理由について、「TOKYOのもつ雰囲気を表現していて、時代の先端を走っている人にお願いしている」と回答している（朝日新聞 一九九一）。東京ではなく「TOKYO」というのは興味深い表現である。ここに表れているのは、伝統的なものを引き継ぐのではなく、新しい時代を作ろうとする意識であろう。『中吊り小説』が連載された一九九〇～九二年は、八九年に元号が平成へと変わり、新時代への期待が高まっていた時期であった。それが「TOKYO」という表記に表れているのだ。一方で、この時代はバブル経済とその崩壊の時期にあたる。世界的にも湾岸戦争やソ連の崩壊などの大きな事件が起きていた。一九九〇～九二年は、新時代への期待だけでなく、不安も抱えた時代であった。このことは、『中吊り小説』にも見て取ることができる。例として、吉本ばなながが連載した「新婚さん」を取り上げよう。

　吉本ばなな「新婚さん」は、「私」が過去に電車で体験したことを語る小説である。「私」が回想する過去は、結婚してから一か月経った頃のことである。家に帰りたくない「私」が、自宅がある駅で降りずに電車に乗り続けていると、隣に「ホームレス」の老人が座ってくる。いつの間にか「ホームレス」は「美女」に変わっており、「私」はその「美女」と会話を始めるという不思議な展開である。「美女」について、「私」は「確かに私の知っている顔」と形容する。「気にいっている芸能人や、初恋の子や、いとこや母や思春期に性欲を覚えた年上の人」といった「いつかのだれか」に似ているという。この「美女」が象徴しているのは、私の〈家への郷愁〉であろう。家を持たない「ホームレス」ゆえに、家への渇望を体現した存在へと変化したのだ。しかし、「私」は「美女」の「これでも帰りたくない?」という問いに対して「そういう姿だとますます帰りたくなくなるんだよ」と返す。「家への郷愁」を前にしても、家に帰ることを拒否するのである。「私」は、新婚の「妻」が「かもしだす何かで部屋全体のトーンが一段明るくなっていて、どうしてだか「うわーっ、やめてくれ」と叫びたく」なっている。これが「私」が家に帰りたくない理由である。「私」は「妻」に対して日常のささいなことやくだらないこと「ばかりを大切にして生きている女という概念そのものといるようだ」と語る。家の中は新婚の「妻」の宇宙であり、それは「おぞましく汚いものであり、すがりつきたいほど清らか」で「震えるほど恐ろしく、何事も隠していられない気がする」場所なのだ。家から疎外されている感覚を「私」は拭い去ることができない。「美女」が〈家への郷愁〉を象徴していると述べたが、「美女」に対して「私」は以下のような感触を感じている。

> 隣にいるものは、何か懐かしい感触を持っている。生まれるより前、嫌悪も愛情もごっちゃになって空気に含まれている場所の匂い。しかし、その反面、近寄り難く触れたら危険なものであることも同時に伝わってきた。私は内心びくびくしていた。じぶんの酔いや狂気の心配ではなくて、より本能的な、卑小感だった。

ここから想起されるのは、ジュリア・クリステヴァが唱えた「アブジェクション」概念である（クリステヴァ一九八四）。クリステヴァは、自他が未分化の幼児は、自分と一体化した状態にある母をおぞましいもの（アブジェクト）として棄却する（アブジェクション）と論じた。アブジェクトは排除の対象である一方で、惹きつけられる存在でもある。このような矛盾した心性が人間の根底にはあるのだ。「私」にとっての「アブジェクト」は新婚の家である。このような「私」の家に対する感覚は、「私」の「東京」に対する感覚と相似している。それは、「美女」が「私」に対して「「自分と東京との距離を同じくする人」の言葉で話している」と語ることからも明らかであろう。「私」は、母の死去をきっかけに来た東京に対しても親近感と疎外感を同時に覚えている。そしてその東京と家をつなぐのが、電車なのである。「終わることのない直線」であるかのように電車に乗り続けている「美女」は、「たいていの人は知らない。電車を朝定期を出して改札を抜け、夜、もとの駅に戻ってくるための安定した箱だと思っている」と語る。「たいていの人」は「帰る家や続いてゆく仕事などを電車という機能とごっちゃ」にしているのである。東京の電車に乗る人びとは、電車を仕事や家に向かうためのものとして考えており、電車が違うところへ行く可能性を考えない。そうしなければ、「私」が言うように「毎日が取りとめのない恐ろしく不安定なものになってしまう」からだ。夜遅くに行く当てもなく電車に乗り続ける「私」は、東京や家からも遠ざかっていく。しかし、「私」は小説の最後に電車から降りて家に帰ることを決意する。不安を抱えつつも次の日常へと進んでいこうとするのである。

電車が次の駅に着く時、「私」は「あらゆるメディア、あらゆる建物、あらゆる人々の位置から東京を一巡りしたようだった」と感じる。それは「すべての痛みを内包して息づく生命体のような感触」である。「私」が電車の中で考えた「家」「電車」「東京」といったことは、すべて「東京」に内包されるものなのだ。「東京」について考えることさえも、「東京」という街の一部にすぎない。本作において「私」の悩みや違和感に合わせて現れ、「私」を否定することなく肯定しつづける「美女」は、恐ろしい存在でありながらも懐かしさや離れがたさを持っている。この「美女」は「偉大な人」と称されるが、ここでいう「偉大な人」とは、東京そのものを示しているのではないだろうか。多くの人びとが生きる「東京」は、すべてを包みこみながら在り続ける。そのような在り方は、母性的な在り方であろう。かつて「母」を失い「東京」に来た「私」は、「東京」をアブジェクションするのではなく、受け入れることで次の一歩を踏み出すのである。

先に述べたように、この小説が書かれた九〇年代初頭は、期待と不安がないまぜになった時代であった。車内に中吊りで掲載された本作を読んだ読者は、自分や時代の状況と重ね合わせて読んだことだろう。家と職場や学校を電車に乗って往復する日常に窮屈さを感じる読者は、「住んでいる駅になんて、もう二度と降りなくっていいのよ」と語る「美女」の台詞に共感したかもしれない。一方で、「私」と同じように自分の日常を大事にしていこうと考える読者も多くいたことだろう。この小説が描いているのは、自分の意思次第で電車で遠いところに行けるのと同じように、人びとも自分の意思で違う日常を送ることができるということである。どのような選択も受け入れてくれる街として描かれる「東京」には、無限の可能性が広がっている。『中吊り小説』は、そのような九〇年代における「東京」ないし「TOKYO」を表す広告小説なのである。

四　おわりに

二〇二三年現在、中吊り広告は全体的に減少傾向にある。多くの週刊誌が「中吊り広告」から撤退し、かつて中吊り広告の代表格だった週刊誌の記事タイトルを列挙した派手な配色の広告を見る機会は減っている。原因は、スマートフォンである。企業は、人びとは車内では下を向いてスマートフォンをいじっているため、天井に吊り下げられた広告を見上げないと考えたのだ。しかし、天野と橋元の調査によれば、スマートフォンを操作している人は中吊り広告を見る確率が高いという（天野・橋元 二〇一九）。天野らはその理由を、スマートフォンで情報検索やソーシャル・メディアの閲覧などを行う人は情報欲求が高く、車内広告もあわせて見る傾向があるからと分析している。また、天野らは車内広告を見る理由として習慣化も挙げている。電車に乗ることと広告を見ることは連続した行動として身体化されているのである。

東京メトロは、「東京で感じるあなたの心」をテーマに詩を募集し、優秀作を東京メトロ車内の中吊り広告に掲示する『メトロ文学館』という試みを一〇年以上行っている（東京メトロ 二〇二三）。電車内で「文化的な雰囲気と潤い」を感じてほしいというのが運営理由である。中吊り広告が減少するなかでも、人びとの時代への思いを反映しながら『メトロ文学館』は続いている。たとえば二〇二一年に選ばれた詩を見ると、通勤電車に久々に乗ったことや、オンライン面会のことなどが書かれており、新型コロナウイルスの流行という社会情勢の反映が見て取れる。電車に乗った人びとは、そのようなテクストを自分自身の体験とつなげて読むことになる。かつて車内で音読されることで共有されていた読書は、現代においては中吊りされたテクストを同時に黙読することで共有されているのである。中吊りは、電車に乗る不特定多数の人びととの間に従来の読書では得られない新たな読書共同体を生成する可能性を持っているといえるだろう。

【引用・参考文献】

浅川千賀子（一九八〇）「電車のなかでの読書をしらべる」『言語生活』三三七：八〇-八八

天野美穂子・橋元良明（二〇一九）「東京圏における電車内の情報行動と車内広告の効果」『東京大学大学院情報学環情報学研究・調査研究編』三五：一四九-一七八

縁故坊（一九〇四）『平民新聞』（一九〇四年三月三〇日）平民社：六

クリステヴァ、J／枝川昌雄［訳］（一九八四）『恐怖の権力――〈アブジェクシオン〉試論』法政大学出版局

公益財団法人メトロ文化財団（二〇二三）「第37回メトロ文学館　募集要項」〈https://www.metrocfor.jp/event/2023/culture_bungaku_20230401-01.html（最終確認：二〇二三年九月二〇日）〉

国土交通省鉄道局都市鉄道政策課（二〇二三）「三大都市圏の主要区間の平均混雑率推移（2022）」国土交通省〈https://www.mlit.go.jp/report/press/content/001619671.pdf（最終確認：二〇二四年一月一六日）〉

シヴェルブシュ、W／加藤二郎［訳］（一九八二）『鉄道旅行の歴史――19世紀における空間と時間の工業化』法政大学出版局

総務省統計局（二〇二〇）「令和2年度国勢調査」〈https://www.stat.go.jp/data/kokusei/2020/kekka.html（最終確認：二〇二三年八月

一〇日)〉
前田愛(二〇〇一)『近代読者の成立』岩波書店
三戸祐子(二〇〇一)『定刻発車――日本社会に刷り込まれた鉄道のリズム』交通新聞社
無署名(一九九一)「車内連載中吊り小説が好評」『朝日新聞』(一九九一年五月二九日)
宮野力哉(二〇〇九)『絵とき 広告「文化誌」』日本経済新聞出版社
吉本ばなな(一九九四)「新婚さん」吉本ばなな他『中吊り小説』:一二-三一頁

第四章　ビデオゲームと「コミュニティ」

eスポーツとゲームセンターから考える

加藤裕康

一　はじめに

日本においてビデオゲーム[1]が大衆化したのは、一九七〇年代後半から一九八〇年代前半にかけてのことだった。その要因となったのは、業務用ゲーム『スペースインベーダー』（タイトー、一九七八年）と家庭用ゲーム機『ファミリーコンピュータ』（任天堂、一九八三年）の登場である。ビデオゲームに注目が集まり、ゲームセンターは非行の温床として、家庭用ゲーム機は家に引きこもる道具として、非難の対象になっていった。暗がりのなかで明滅するモニターの光を食い入るように見つめ、一生懸命に何かを操作している若者や子どもたちの姿は、異様な光景として当時の大人たちの目に映った。このような背景からアカデミズムでもビデオゲームは研究対象となっていく。プレイヤーは、一人遊びの世界に戯れ、現実逃避の傾向を生み、虚構の世界に没頭することで社会的不適応を引き起こし、不登校や

---

［1］ビデオゲームの呼び名は、他にもテレビゲームやコンピュータゲームなど複数あるが、本章ではビデオゲームに統一する。また、特段説明もなく「ゲーム」と表記した場合もビデオゲームを指すものとする。

引きこもりを増やしているとされてきた。

しかし、ビデオゲームで遊ぶことは、必ずしも一人遊びの世界に閉じこもることを意味しない。筆者は『ゲームセンター文化論』（加藤 二〇一一）において、ビデオゲームを媒介としたコミュニケーションの存在を指摘し、ゲームセンターを「集まりの場」として分析した。というのも、その集まりの場は、ゲームで遊ぶ人びとの社交の場や居場所として機能していたからである。このような場は、一般的に「コミュニティ」と呼ばれるが、同書ではコミュニティという言葉を使わなかった。むしろ、誰もが自由に出入りできる公共空間のようなものとしてゲームセンター空間を位置づけ、そこで一時的に生成するコミュニケーションを通じて、次第に居場所としていく人びとのありようを描き出した。同書でコミュニティという言葉を使わなかったのはなぜなのか。端的にいえば、社会学におけるコミュニティ概念は、現在多くの場面で使われている「コミュニティ[2]」とは根本的に異なるものであるからだ。本章では、コミュニティ概念を整理した上で、ビデオゲームを通して形成される「コミュニティ」がどのようなものなのか、具体事例を用いて検討したい。

二　コミュニティとは何か

コミュニティは、日本語で「共同体」と訳すのが一般的だが、いわゆる近代以前の村落共同体や伝統的共同体を意味する。言い換えるならば、コミュニティは近代になって消失していくなかで意識された言葉である。近代以前、各地の集落で暮らす人びとは生まれてから死ぬまで共同体の外に出ることはほとんどなく、誰もが顔見知りであった。互いをよく知り、同じ価値観を共有しているがゆえに、言葉によって議論を交わし、合意を得る必要はない。自分を知ってくれているという安心感や、互いに助け合い、守られている感覚がコミュニティにはあった。コミュニティが失われて以降、こうした感覚はあたたかみのあるものとして、繰り返し人びとの間で追い求められてきたと、ジグムント・バウマン（二〇〇八）はいう。

しかし、コミュニティはよい面ばかりもっているわけではない。自己を守る確固とした感覚は、厳しい慣習や道徳、しがらみによって形成されたものであるからだ。たとえば、かつての日本では村の娘が許可なく隣村の男と通じようものなら、村の男たちから娘は処罰された。離婚や非嫡出子は認められず、さらし者にされ村八分などの厳罰が待っていた。柳田國男（一九三二）によれば、異性間の恋愛は自由であったが、それは結婚を前提としており、二人の関係を周囲に認めさせなければならなかった。ということは、そもそも個々人は常に周囲の目（世間）にさらされているがゆえに、自己のふるまいに気をつけなければならない。このような地縁血縁を基盤とした関係をコミュニティという。

フェルディナント・テンニエス（一九五七）は、地縁血縁に基づく「ゲマインシャフト」に対して、利害に基づき個人が選択して作る関係を「ゲゼルシャフト」と呼ぶ。近代は、ゲマインシャフトからゲゼルシャフトへの移行を促した。これは、共通の利害関係に基づいた人為的なアソシエーション（組織）を対置することで、最初にコミュニティを定式化したとされるロバート・モリソン・マッキーヴァー（一九七五）とも共通する。

それでは、コミュニティが消失した直接的な要因は何か。その一つとして、交通と通信の発達を挙げることができよう。交通の発達は、近代の要件である産業化や都市化と関連し、通信の発達は電話やラジオ、テレビといったメディアの登場とも関連している。人びとの移動が容易になり、工場が作られた都市に労働者が集まってくる。かつてないほどの規模の人口、文化圏の異なる多様な人びとが混在するなかで都市化が進行する。村落を離れ、都市に移り

---

［2］本章では、近代以前のコミュニティと新しいコミュニティを区別するため、新しいコミュニティを指す場合には、カギ括弧で括る。ただし、コミュニティ概念を整理した後（第四節から）は、煩雑さを避けるために伝統的共同体との区別をするとき以外は、一般的な用語としてカギ括弧を外して表記する。

住むことは、しきたりから解放され、自由を獲得することを意味していた。場所によって隔てられていた情報は、空間を飛び越えて地域や家庭に入り込む。別の場所にいる者同士があたかも同じ場所にいるかのように感じられる状況を、ジョシュア・メイロウィッツ（二〇〇三）は、「場所感の喪失」と名づけた。

時空間を超えるメディアは、場所に縛られることなく、共同性の感覚を創出することができた。ウォルター・ジャクソン・オング（一九九一）は、吟遊詩人が詩を朗読するような対面的な「声の文化」に対して、ラジオなど電気を活用した新しい聴覚メディアがもたらす「二次的な声の文化」を、圧倒的多数に強い集団意識を生み出すものと捉えた。これは、マーシャル・マクルーハン（一九八七）が「ラジオが識閾下の深層に働きかけるとき、そこには部族の角笛や古代の太鼓が反響し合う世界が生み出される」と論じたのと重なる。

コミュニティから解放され、自由を獲得したはずの近代以降の個人は、しかしながら、自己の責任でそれまでとは異なる文化に適応しなければならない。隣人の顔さえわからず、誰も自分を知らない都市で匿名的なふるまいが可能になる一方で、変化の激しい流動的な社会にあって、何一つ確かなものが得られない状況を恒常的に迎えることになった。個人が不安を抱える社会において、コミュニティは憧憬の念をもって追い求められてきたが、復権することはかなわなかった。コミュニティセンターやコミュニティバスといった言葉は、行政の施策として運用されているが、そこに暮らす人びとが互いに支え合っているという意識はみられない。地域のサークルで活動している人びとも、基本的にはいつでも参入離脱が可能なものに過ぎず、コミュニティとは別物である。それでもなお、ゲゼルシャフトのような近代以降の新しい関係を「コミュニティ」と呼ぶことができるとすれば、単純に人口の多い都市において、かつてのようなコミュニティ意識を形成するのは不可能であり、それに代わる擬似的な「コミュニティ」を形成してきたからである。メディアは、その擬似的な「コミュニティ」を創出する道具として機能し、そのとっかかりとして趣味などを媒介項としてきた。ビデオゲームを通じた「コミュニティ」もその一つである。

三　ゲームセンターのコミュニティ

それではゲームセンターの「コミュニティ」とはどのようなものであるのか。オングが想定する聴覚メディアによる共同性の創出の議論は、ビデオゲームとはなじまない。それは端的にいって、ビデオゲームがラジオやテレビのようなマス・コミュニケーションとしての機能面で劣るからである。[3]メイロウィッツの想定する聴覚メディアが、場所感を喪失させるものであるとするならば、ゲームセンターは場に根づいた「コミュニティ」を形成する。

しかし、かつてのコミュニティとは異なり、ゲームセンターにおける「コミュニティ」は離脱が自由な関係である。そもそもゲームセンターは、誰もが出入り自由な空間であるため、たまたま足を踏み入れた客もいれば、常連客もいる。「コミュニティ」の成員となるのは、多くの場合、常連客である。客であるがゆえに、「コミュニティ」内の慣習やルールを習得させることは難しく、そこには客や店員を含めて常に争いの火種もあり、合意形成をめぐるポリティクスが欠かせない（加藤 二〇一一）。

また、ゲームセンター全体で一つの「コミュニティ」がつくられるというよりも、ゲームタイトルごとに「コミュニティ」が生成する。筆者は、インフォーマント（情報提供者）の知り合いを紹介してもらうスノーボールサンプリングという手法を用いても、ゲームセンター内のリーダーを一人に特定することはできなかった（加藤 二〇一七）。

［3］あらかじめ断っておくと、ビデオゲームのプレイ動画をマスメディアやインターネットの動画共有機能を用いて再生した場合は、聴覚メディアを利用していることになる。マクルーハンは、聴覚メディアを「聴覚」だけに限定しているわけではなく、一般的には「視覚」的なメディアと思われているテレビなどを含むものとして考える。そのような聴覚メディアは、感覚を刺激する直感的なものである。それに対置されるのが文字や本といった視覚メディアである。視覚メディアは、対象と距離を置き、感覚にとらわれない態度を促すものであり、合理的な思考に向いている。こうしたマクルーハンの解釈に従えば、インターネットの動画は聴覚メディアとなる。

客の好みだけでなく、来店する頻度や時間も強制できない。そうしたゲームセンターにおける客同士の緩やかなつながりは「勢《ぜい》」という言葉に象徴される。「勢」は、たとえば「バーチャ勢」（バーチャファイター）といったように、特定のゲームタイトル名などと組み合わせて使われ、あるゲームを愛好する人びとの集まりを指す。ゲームセンターの利用者や経営者は、この集まりを「コミュニティ」と呼んでいる。

特定のビデオゲームをするなかで客同士が知り合い、仲良くなっていく。ビデオゲームを媒介としたつながりは、趣味を共有している点で共通の話題をもちやすく、気心の知れた仲になりやすい。しかし、そのゲームに飽きてしまい、サービスが終了（店による筐体の撤去の場合もあれば、メーカーによるネットワークサービス終了の場合もある）してしまえば、勢に代表される「コミュニティ」を維持することは途端に難しくなる。その意味で、紐帯（人びとの結びつき）が消える不安は常につきまとう（加藤 二〇一一、二〇一四、二〇一七）。

四　ビデオゲームを媒介としたコミュニティの事例から

二〇二三年三月三一日から四月二日にかけて、東京ビッグサイト（東京都江東区有明）で格闘ゲームの大規模イベント『EVO《エボ》 Japan《ジャパン》』（主催・EVO Japan 2023 実行委員会）が開催された[4]。同会場では『ギルティギア　ストライヴ』（アークシステムワークス）、『ザ・キング・オブ・ファイターズ15』（SNK）など七つのメインタイトルで賞金制のトーナメントが行われ、プロゲーマーをはじめ、国内外から腕に覚えのある強者たちが集まった。このほか、業務用や家庭用のゲームなどを利用した対戦会・交流会の「サイドイベント」が一般から募集され、六〇のタイトルが採用された。サイドイベントには、日頃ゲームセンターなどで対戦交流会といったイベントを開催しているコミュニティのメンバーが出展しており、各ゲームタイトルの全国大会の様相を帯びている。このサイドイベントでひときわ盛り上がりをみせていたのは、業務用ビデオゲーム『ウルトラストリートファイター4』（カプコン）の大会『STARTING《スターティング》

OVER《オーバー》 -REVENGE《リベンジ》-』だった。

　スターティング・オーバーは、格闘ゲーム「ストリートファイター」の「4」シリーズ[5]で行われる全国大会の名称だ[6]。大会主催者は「かげっち」[7]（四三歳、男性、会社員）、スターティング・オーバーの誰もが認めるリーダーである。大会名の副題に「リベンジ（雪辱）」とついている背景には、かげっちの思いが込められていた。

　三年前の『EVO Japan 2020』――。かげっちはタイトーが主催する『闘神祭《とうしんさい》』と共同の形で『STARTING OVER in 闘神祭』を開催した。闘神祭は二〇一五年から行われている格闘・アクションゲームの大規模イベントで、二〇二〇年は「eアーケードスポーツ」[8]を掲げ、前年から全国一〇〇カ所以上のゲームセンターで予選を開き、五月に全国決勝大会を予定していた。その特別予選大会として、タイトーは『闘神祭　EVO Japan 2020 Round』を開催

---

［4］正式名称は『EVO Japan 2023 presented by Rohto』。同イベントは二〇一七年五月に開かれたEVO Japan プレ大会の『賽』から始まった。本家の『Evolution Championship Series』は、アメリカのゲームセンターで開かれた格闘ゲーム大会が発端となったものであり、その年数と開催場所について公式サイトでは一九九六年サンディエゴと記載されている。しかし、Crecente（2008）は、EVOが一九九五年ブロードウェイから始まり、全米各地で開催されてきたと報じている。同様にテイラー（2012）も、EVOが一九九五年に始まったとしており、米国のジャーナリズム、アカデミズムでは、これが定説になっている。

［5］『ストリートファイター』（一九八七年、カプコン）は多数の続編（ナンバリングタイトル）が出ており、『ストリートファイター4』シリーズだけを取り上げても、業務用・家庭用合わせて四つのタイトルが発売されている。

［6］スターティング・オーバーについては、『ゲーム・オブ・ザ・ラウンド』で放送された「かげっち」のコメント、資料を参照されたい。たとえば二〇一五年一二月一九日には、日本各地のゲームセンターで予選を行い、クラブセガ新宿西口店で決勝トーナメントを開いている。

［7］二〇二三年四月一日に取材。かげっちにはコミュニティメンバーの一人である「AO3《アオサン》」を通じて知り合い、二〇一八年五月二〇日に取材して以来、たびたびインフォーマル・インタビューを行なっている。本章では、それらの声も参照している。本章で用いたAO3のインタビューは、二〇二三年五月一三日に開催されたコミュニティ最大イベントの一つ『クーペレーションカップ』の取材時に行なった。

（一月二五日）、二つのタイトルのうち、『ウルトラストリートファイター4』の大会をスターティング・オーバーがプロデュースした。同タイトルは、すでに後続タイトルが存在する古いゲームとなっており、メーカー主催の『カプコンカップ』では採用されていない。それでもなお新作よりも旧作タイトルに魅力を感じ、愛好する人びとがいる。そうした人びとが集まる場としても全国大会やゲームセンター・コミュニティは機能してきた。『STARTING OVER in 闘神祭』のように企業（メーカー）とコミュニティの共同開催は珍しく、タイトーが企図する闘神祭は、ゲームセンター主体のeスポーツやコミュニティの新しい動きを感じさせるものだった。

　しかし、二〇二〇年、世界は新型コロナウイルスの流行に見舞われる。三月一一日に世界保健機関が「パンデミック（世界的大流行）」を宣言し、日本政府は四月七日、緊急事態宣言を発令する。緊急事態宣言の対象地域が全国に拡大するなか、闘神祭は開催を断念することになった。三年ぶりの開催となるEVO Japanで「あの時できなかった全国大会をもう一回」。ウルトラストリートファイター4の決勝大会が実現できなかった悔しさを晴らすために、かげっちは、そうコミュニティに投げかけた。

図4-1　スターティング・オーバー
実況配信をするかげっち（筆者撮影）

　――連続技に合わせて、掛け声が会場に響く。三対三のチーム戦が繰り広げられ、筐体の周りに人びとが群がる。大会参加者は四八チーム一四四人。観客を合わせて二〇〇から三〇〇人いたのではないかと、かげっちは言う。ウルトラストリートファイター4の大会としては通算三一回目、スターティング・オーバーでの開催は二七回目を迎え、「ＡＯ３《アオサン》」（四三歳、女性、会社員）などコミュニティメンバー一五名がスタッフとして運営に携わった。

かげっちは、ストリートファイター3のシリーズでプレイヤーとして活躍し、4のシリーズではカプコンとの仕事で実況解説を行い、ゲームセンターで大会を主催する活動をしていた。ストリートファイター5は、カプコンが業務用を作らないと宣言したため、各地のコミュニティが霧散してしまう[9]。そうしたなか、秋葉原の『ｅスポーツスクエア』に家庭用ゲーム機（プレイステーション4）を持ち込んで、週に一度の対戦会『ファイターズ・クロスオーバーアキバ』（ＦＣＡ）を開催し、新たなコミュニティをつくる活動をしてきた。ここには「歌広場淳」や「板橋ザンギエフ」など芸能人、プロ選手も多く集まり、5シリーズとしては「日本最大・最長の（歴史をもつ）コミュニティ」になっていた。

ＡＯ３がコミュニティに関わるようになったのは、かげっちがＦＣＡをはじめてすぐの頃だった。それ以前は、ストリートファイターシリーズの聖地とされる『タイトーステーション新宿南口ゲームワールド店』などに出かけては、有名プレイヤーの試合を観戦していたが、怖くて入れないゲームセンターもあり、誰とも会話することはなかった。そんな日々が続くなか、かげっちの主催するＦＣＡに参加した。会場内をうろうろしているときに「何をされている方ですか」と声をかけられた。そこは、初めて話し相手ができたコミュニティだった。ＦＣＡの会場には、常連のコミュニティ・メンバーのほか、初めて参加する人もいる。周囲とうまくなじめず、一人で「ポツンとしている」人がいれば、ＡＯ３は隣に行って挨拶をする。対戦会に参加するプレイヤーは男性が多い。特に女性には、積極的に声をかけた。「かげっちさんが「声かけてきて」って言うんですよね」とＡＯ３は笑う。

三年前に果たせなかった闘神祭の決勝戦をやり遂げ、かげっちは言う。

［8］タイトーは『e-ARCADE SPORTS』を「「e-sports」と「アーケードゲーム」を掛け合わせた、アーケードゲームにおける大会やイベントの呼称」であると説明する。

［9］ただし、後述のタイトーステーションのように、聖地として盛り上がっているゲームセンターもあり、コミュニティがすべて消失してしまったわけではない。

もうやっぱこれ最高ですね。こういうのだよなって。EVO Japan全体を含めてですけど、純度が高いということが心地いいなと思いますね。もっといえば、仲間しかいないというこの安心感、実家に帰ってきたような感じ。みんな地元に帰ってきたような安心だと思います。

五　おわりに

eスポーツ関連の仕事に携わるかげっちは、コロナ禍で悩みながら仕事をしてきた。

そもそもみんなで集まってゲームをする、競い合うというのがあって、eスポーツというものがあったわけで。これがやっぱり出鼻をくじかれて、急にオンラインの大会だけになってしまった。

その一方で、次のように述べる。

他のエンターテインメントが軒並み閉鎖に追い込まれるなか、オンラインという形であっても、やることだけはできたのがおそらくプラスでした。で、ちょっと振り返って考えると、そこが変に持ち上げられちゃったんですね。「eスポーツはオンラインだからできる」とか「オンラインだからいいんだ」みたいにちょっと変なイメージが過度についてしまいました。僕らはやっぱりゲーム好きな人からすると、昨日今日集まっている人たちの熱量をみればわかるように、みんな顔をつき合わせてこういうところでやりたいんですよ。

近代以降、コミュニティは消失していったが、その言葉はアソシエーションや趣味を媒介とした人びとの関係などにも使われるようになっている。その新しい「コミュニティ」は、不安定なものであるにもかかわらず、流動的な社会にあって、成員たちの居場所として機能していた。「地元や実家に帰ってきたような安心感」というかげっちの言葉は、そのことを如実に示している。留意すべきは、その感覚がオンラインで完結するわけではなく、場を必要としていたことである。昨今メタバースが注目を集めながらも失速しているようにみえるなか、オンライン・コミュニティのゆくえについては、また改めて検討したい。

【引用・参考文献】

オング、W・J／桜井直文・林正寛・糟谷啓介［訳］（一九九一）『声の文化と文字の文化』藤原書店（Ong, W. J. (1982) *Orality and literacy: the technologizing of the word.* Methuen.）

加藤裕康（二〇一一）『ゲームセンター文化論――メディア社会のコミュニケーション』新泉社

加藤裕康（二〇一四）「オンライン時代のゲームセンター――ソーシャルメディアとゲームを媒介としたコミュニケーション」河島茂生［編］『デジタルの際――情報と物質が交わる現在地点』聖学院大学出版会：二六七-三〇五頁

加藤裕康（二〇一七）「ゲーム実況イベント――ゲームセンターにおける実況の成立を手がかりに」飯田豊・立石祥子［編］『現代メディア・イベント論――パブリック・ビューイングからゲーム実況まで』勁草書房：一〇九-一五一頁

加藤裕康［編著］（二〇二三）『メディアと若者文化』新泉社

テンニエス、F／杉野原寿一［訳］（一九五七）『ゲマインシャフトとゲゼルシャフト――純粋社会学の基本概念』上下巻、岩波書店（Tönnis, F. (1887) *Gemeinschaft und Gesellschaft: Grundbegriffe der reinen Soziologie.*）

中山太郎（一九三〇）『日本若者史』春陽堂

バウマン、Z／奥井智之［訳］（二〇〇八）『コミュニティ――安全と自由の戦場』筑摩書房（Bauman, Z. (2001) *Community: Seeking safety in an insecure world.* Polity Press.）

マクルーハン、M／栗原裕・河本仲聖［訳］（一九八七）『メディア論――人間拡張の諸相』みすず書房（McLuhan, M. (1964) *Understanding media: The extensions of man.* Routledge and Kegan Paul.）

マッキーヴァー、R、M／中久朗・松本通晴［監訳］（一九七五）『コミュニティ――社会学的研究　社会生活の性質と基本法則に関する一試論』ミネルヴァ書房（MacIver, R. M. (1917) *Community, a sociological study: Being an attempt to set out the nature and fundamental laws of social life.* Macmillan.）

メイロウィッツ、J／安川一・高山啓子・上谷香陽［訳］（二〇〇三）『場所感の喪失――電子メディアが社会的行動に及ぼす影響』新曜社（Meyrowitz, J. (1985) *No sense of place : The impact of electronic media on social behavior.* Oxford University Press.）

柳田國男／朝日新聞社［篇］（一九三一）『明治大正史　世相篇』朝日新聞社

Crecente, B.（2008）Fighting to play: The history of the longest lived fighting game tournament in the World.〈http://kotaku.com/5054856/fighting-to-play-the-history-of-the-longest-lived-fighting-game-tournament-in-the-world（二〇一六年五月七日最終確認）〉

Taylor, T. L.（2012）*Raising the stakes: E-sports and the professionalization of computer gaming.* The MIT Press.

「The EVO story : Born in the arcade」〈https://www.evo.gg/about-evo（二〇二三年六月一四日最終確認）〉

「ゲーム・オブ・ザ・ラウンド 第3回 令和元年のeスポーツ――ゲーセン文化とコミュニティの視点から 出演：影澤潤一（かげっち）／加藤裕康／松田泰明／中川大地」（二〇一九年一一月一一日放送）〈https://www.nicovideo.jp/watch/so35952184（二〇二三年九月二九日最終確認）〉

第五章　雑誌に込められた「都市」が見せる夢

『少女の友』のコンテンツ動向から

嵯峨景子

一　はじめに

少女雑誌の誕生は明治期までさかのぼる。一八九九年、高等女学校令公布により女子中等教育が確立したことで、日本には女学生という存在が増加した。その社会変化を背景に、各出版社は少女を読者層に定めた少女雑誌の創刊に乗り出した。

本章ではそれらの雑誌のうち、実業之日本社発行の『少女の友』（一九〇八年創刊）を取り上げ、同誌上に「都市性」がいかに浮かび上がり、それがいかなる存在であったのかを捉えていく。とはいえ、『少女の友』が当初から一貫して都市性を強く感じさせていたわけではない。『少女の友』と都市性をみるために、ライバル誌の動向や昭和期の社会情勢などをたどっていくことにしよう。

以下、本章の構成を紹介する。第二節では『少女の友』の初期の特徴を捉え、同誌が生み出す共同体の存在を確認する。第三節では、『少女の友』のライバル誌的存在となる講談社『少女倶楽部』に注目し、同誌が従来の少女雑誌とは異なる強みを手にして躍進を遂げた様子に光を当てる。第四節では、『少女倶楽部』との競合を意識するなかで、

『少女の友』第五代主筆（現在でいう編集長にあたる）・内山基が都会的なコンテンツを打ち出した様子をみていく。やがて、時代は内山の理想を阻んでもいくが、それでも『少女の友』に息づいていた理念をここで確認したい。そして、第五節ではかつての読者が振り返る『少女の友』像および『少女倶楽部』像から、同誌のもたらす意義を考える。

二　初期『少女の友』に見る愛読者意識の形成

日本で初めて発行された少女雑誌は一九〇二年、金港堂書籍が創刊した『少女界』である。以後、一九〇六年の『少女世界』（博文館）、一九一二年の『少女画報』（東京社）など、「少女」を冠した少女雑誌が次々と創刊された。そうした雑誌の一つに、実業之日本社の『少女の友』もある。

『少女の友』の基本的なコンセプトは、初代主筆・星野水裏によって作り上げられた。『少女の友』は大きな家庭であり、編集者と読者は家族のように親密でなければならないという、「家族的親愛主義」なる理念は、後年まで引き継がれていくことになる（実業之日本社 二〇〇九。以後『少女の友』の動向も同じ）。

もっとも、雑誌の編集者が愛読者との間に誌上で関わりを持つことは、近代少女雑誌においてよく見られる特徴の一つであり、同時期の各誌にもしばしばうかがえる。多くの雑誌は読者欄を設け、その中で読者同士、あるいは読者と編集者が交流することで愛読者意識を深めていった。また読者と編集者がリアルで対面する愛読者会も、各雑誌の定番イベントとして取り入れられた。

そのなかでも『少女の友』はとりわけ読者との親密な関係性を重視した雑誌であった。文芸欄や読者欄を含む読者投稿欄を長きにわたって充実させ、愛読者会も各地で幾度も開催していた。

愛読者会では、読者が編集者と直接交流することになる。当時の雑誌では、『少女の友』に限らず編集者は雑誌の編集業務のみに従事する存在ではなく、自ら雅号を名乗り小説なども発表する創作者の立場も兼ねていた。「記者」

と呼ばれる彼らは、読者にとっては憧れのスター的な存在である。『少女の友』読者の少女たちにとって、たびたび開催される愛読者会は、そうした編集者たちと直接ふれあう機会となっていた。『少女の友』では一九〇九年の第一回愛読者会を皮切りに、継続的にイベントが開催されていった。『少女の友』の愛称「友ちゃん」も誕生し、読者たちはまるで姉妹や友達のように親しみを込めて雑誌に呼びかけていたのである。

また、『少女の友』には文芸創作用の投稿欄も設けられ、作文や和歌などさまざまな作品の募集が行われていた。少女たちにとっては、創作者でもある『少女の友』編集部の人びとに自身の作品を見てもらい、同じ誌上に掲載されるチャンスとなる。さらに、この読者文芸で入選を重ねた読者には、編集部より銀時計が贈呈された。『少女の友』と少女たちとをつなぐアイテムであるこの銀時計は憧れの的となり、長い間『少女の友』の名物の一つであった。

明治末期に勢いがあった少女雑誌は、博文館が刊行する『少女世界』だったが、大正に入ると『少女の友』はそれを追い抜き、愛読者との強い絆を背景にして最も人気のある少女雑誌としての地位を固める。以後も『少女の友』の勢いは続くが、大正末期に少女雑誌の勢力図は様変わりをみせる。その契機は、新たに講談社から創刊された雑誌『少女倶楽部』の登場であった。

三　講談社『少女倶楽部』の躍進

一九二三年、講談社が『少女倶楽部』を立ち上げると、後発誌にもかかわらずそれまで首位の座にあった『少女の友』をまたたく間に追い抜き、マス雑誌へと成長を遂げた。

『少女倶楽部』は、どのような志向の少女雑誌だったのだろうか。創刊百号記念号で編集部は、「申すまでもなく、皆さまは、将来の日本の中心となる第二の国民であります。ついては、これから先、中分のない立派な婦人となって、御国に御奉公して頂きたいと言うのが、少女倶楽部創刊の目的であります」（『少女倶楽部』一九三一年五月号：引用に際し新漢字・現代仮名遣いに改めた。以下も同じ）とつづる。すなわち、この雑誌の理念において、少女は国を背負う未来の日本婦人としての役割を期待されていた。その根底に流れるのは、保守性や良妻賢母主義に基づいた女性像である。

　この宣言を見ても、『少女の友』の方向性とは大きく異なることがわかる。『少女倶楽部』は、大人の目から見た模範的な少女像を提示し、有益性を打ち出した教育色の強い雑誌作りを進めていた点に特徴があった。雑誌の顔である表紙は、一九二五年一月号の初登場以来、長らく画家の多田北烏が担当することになる。『少女倶楽部』の目指す優等生な少女像と、多田の描く健康的な少女の姿が噛み合い、優良雑誌としてのカラーがより明確になった（図5-1）。

　また、『少女倶楽部』は女学生を主たる読者層に据えていた従来の少女雑誌とは異なり、メインターゲットを尋常五年生（一〇〜一一才）からと低めの年齢に設定することで、より広い読者層にアピールし、広い年齢層の少女に向けて教育的な記事を多数掲載することで、模範的な課外読み物としての性格を鮮明にしていった。

　さらに特徴的なのは、『少女倶楽部』が自らを権威づけしていくその方法である。同誌では教育者や文学者・政治家の賛助員が定められ、毎号雑誌に彼らの名前や記事を誌面に載せることで、各界の識者のお墨付きを得た優良誌であることを打ち出したのだ。とりわけ、創刊直後に貞明皇后（大正天皇の后）に献上して嘉納にあずかったことから、一九二三年五月号の表紙より「賜台覧」の文字が登場し、雑誌としての権威をいっそう高めることになった（社史編纂委員会 一九五九。以下『少女倶楽部』の動向も同じ）。

　先にみた『少女の友』では、編集者が創作者を兼ねていたが、講談社では少年向けの『少年倶楽部』を筆頭に編集

図 5-1 『少女倶楽部』
1931 年 5 月号

者と作家の分業が進められており、『少女倶楽部』も創刊当初から編集者たちは創作を行わず、編集業に徹していた。『少女倶楽部』の創刊から二〇年近く編集長を務めたのは宇田川鈞であるが、『少女の友』の編集者たちのようなかたちで誌面には登場せず、あくまで黒子として編集業に専念している。その代わりに人気作家たちの連載小説を多数取り揃えることで、誌面の充実が図られていった。

一方、『少女の友』をはじめ少女雑誌で行われていた読者欄や投稿欄の充実、愛読者会などを通じた帰属意識の醸成は、『少女倶楽部』では重視されていなかった。同誌は講談社が発行する九大雑誌の一つとして積極的な宣伝を行うことで、都市部に留まらず地方を含む全国にわたって多くの読者を獲得していく。『少女倶楽部』は一九三七年一月号で四九万一六七五部を発行、近代少女雑誌随一の発行部数の記録を打ち立てた。

四　都会的なエッセンスがもたらすもの：『少女の友』の変革

『少女倶楽部』が破竹の勢いで部数を伸ばすなか、後発雑誌に追い抜かれた格好の『少女の友』は編集方針を模索していった。ここでとられたのが、『少女の友』誌面に都会的な文化を積極的に採用する方針である。『少女の友』の第四代主筆・岩下小葉は、少女ファンも多い宝塚少女歌劇の記事を増やし、人気作家・吉屋信子に長編小説の連載を依頼して長編連載小説『紅雀』をヒットさせるなど、当時大都市圏で人気を博したカルチャーを誌上に取り込んだ。さらに、岩下が取り入れた都会的なエッセンスへの志向を引き継ぎつつ、より編集方針を先鋭化して明確にしたのが、一九三一年に第五代主筆に就いた内山基であった。

内山は都市部で暮らす高等女学生を読者層に定め、「リリカル」をキーワードに誌面づくりを進めていった。女学生の感性や美意識に響く叙情的な誌面に加え、内山はそれまでの『少女の友』にはない「ロマンチシズム・エキゾチズム・ヒューマニズム」という方針も新たに打ち出していく（上 一九七四）。「科学の、真を求める世界でだけでは得られない、学校の生活だけでは得られない別の美しいものの世界、夢の世界、憧れの世界と言うようなものがあると思いますしそして出来るならばそれを、僕は、貴女方にお見せしたいのです」（『少女の友』一九三四年一月号）という言葉は、彼の編集方針を示すものといえよう。

事実、内山主筆時代の『少女の友』は、大都市圏で暮らす少女たちから支持を受けた。同時期の『少女の友』における読者投稿コーナーである文芸欄と通信欄、懸賞証当選者の掲載者を分析した調査では、東京および大阪・神戸・京都の大都市居住者が多数を占めていた（今田二〇〇七）。都市的なエッセンスを持ち味にしていった時期の『少女の友』は、何よりそうした文化との距離が近い、都市部に住む女学生たちに享受されていたのである。

図5-2　『少女の友』
1940年5月号

内山の理念を体現するクリエイターとして活躍したのが、挿絵画家の中原淳一だった。内山は一九歳の若き中原が開催した人形展でその才能を見出し、『少女の友』専属の画家として抜擢する。一九三二年の初登場以来、中原は『少女の友』の挿絵や付録などを手掛け、一九三五年一月号から一九四〇年六月号までは雑誌の表紙も担当した（図5-2）。中原は他にも、横浜のミッションスクールを舞台に少女同士のエス（「シスター」のイニシャル）の関係を描いて大ブームを巻き起こした川端康成（実際の作者は中里恒子）の『乙女の港』の挿絵や、少女のためのファッションを指南するユニークな連載として人気を集めた『女学生服装帖』などの仕事も手掛けていった。長い歴史を持つ『少女の友』の中でも、中原淳一が表紙を描いた期間の人気はとりわけ高い。中原のトレードマークともいえる、細い手足の夢見るような瞳の少女の姿は、多くの少女たちを魅了した。

しかし、内山が誌上に実現しようとした夢の世界は、戦争の足音とともに困難を強いられる。一九三七年の日中戦争開戦以降、中原の挿絵は「不健康」であると、読み物を統制する内務省よりたびたび指導を受け、一九四〇年六月号を最後に中原は『少女の友』から姿を消した。中原淳一の画がなくなったことに対する悲しみと憤りの手紙が読者から多数届き、『少女の友』は約七〇〇〇人の読者を失ったという（内山 一九八〇）。

しかし、内山主筆時代の『少女の友』は、近代を生きる少女たちに寄り添う姿勢を手放したわけではなかった。内山は、美的な要素のみならず、女学生のために教養的なコンテンツの提供も視野に入れていたが、日中戦争開戦後の一九三八年一月号からは、『少女の友』誌上で少女のための特別講座を開始し、文学や音楽、科学などをテーマに各界の識者が解説する読み物の連載が始まる。

ここで注目したいのは、戦後にモンゴメリ『赤毛のアン』の翻訳を発表してその名を広く知られることになる村岡花子が、同誌に一九四一年一二月号まで連載していた「ブック・レヴュー」（連載当初の名称は「少女ブック・レヴュー」）である。同連載は、少女のための読書案内をする画期的な企画であった。第一回で取り上げられたのは、松田瓊子『七つの蕾』とクーリッジの『ケティ物語』。連載内で、若き女性にふさわしい読み物という視点からセレクトされた書籍群は、小説から童話、歌集、随筆、科学読物とジャンルが多岐にわたり、翻訳書を多数含むセレクトが特徴となっていた。書物に対する深い愛と、少女たちを教え導こうとする使命感、そして冷徹な批評眼を込めて綴ったレヴューの数々は、読書欲にあふれた女学生の読書生活を大いに刺激したことだろう。戦時色が強まり、英語が敵国語となる中で、「ブック・レヴュー」という名称を変えず、翻訳書を紹介しつづけたところにも村岡と編集部の矜持がうかがえる。

ここでは一例として、『少女の友』を発行する実業之日本社から刊行された森田たま『石狩少女』に対する、村岡のレヴューを紹介したい。

この小説は鋭い感受性を持った少女が、その少女のそなえている天の才能に対して半分以上盲いている周囲に向って

> 抑え切れない反抗心をいだきながら、伸びてゆく年月を叙したものですが、あまい感傷と、ひそやかな思いと、底知れぬ思索と、冷やかな批判とを胸にたたえた若き日の記録です。みなさんはこの中に折々、御自分たちの姿を御覧になるでしょう。理由のない誤解を受けて憤る心、何となしにまわりの人々へ向けられる反抗、こうした少女時代に共通の感情をここに味わうあまりに、この中に光っている毅然たる著者の精神を見落とさないで下さい。（『少女の友』一九四〇年一〇月号）

『石狩少女』は文学少女の自意識を描いた森田たまの自伝的な作品で、主人公は良妻賢母に抗う少女という設定である。本作は『少女の友』連載の小説ではないものの、良妻賢母を強く打ち出す『少女倶楽部』とは異なる『少女の友』のカラーを反映した作品選定、そしてレヴューだといえよう。それは、戦時色が強くなっていく状況にあっても、都市部に暮らす少女たちの感性に寄り添い、少女のための世界を模索しようとした雑誌の理念を表すものだった。

五　都市性と現実からの遊離

ここまで見てきたような少女雑誌のあり方を、当時の受容者や関係者は後年、いかに振り返り、位置づけているのだろうか。『少女倶楽部』が、後発でありながら『少女の友』をしのぐ発行部数を記録したことは第三節ですでに確認した。もっとも、良妻賢母思想を背骨にもつ同誌の理念は、都市部の近代的な女学生たちに呼応する『少女の友』とは対照的といっていいものだった。その『少女倶楽部』でも仕事をしていた、当時の人気叙情画家・加藤まさをは『少女倶楽部』を評して、「一言に尽くせば田舎くさいんだ。全く泥くさいんだ。十年ぐらいおくれているような感じがした。だから「少女倶楽部」に書くと格が落ちるような気がした。正直のところ……野暮くさくて……まああたりさわりのない言葉を使えば地味なんだね。堅実なんだ」と率直に吐露する。同じく人気叙情画家の蕗谷虹児も、「少女雑誌の中で「少女倶楽部」はどっちかというと家庭的だった。それが若い僕らに反発があって、むしろ学校では、読んでどうかと首をかたむけられていた「令女界」とか、そういう雑誌に興味を持っていた」（社史編纂委員会一九五九）と回想する。

数字上は最も広く全国に浸透した少女雑誌ではあれども、当事者たちにとってそれは都市の若年層にフィットする、近代的な文化を発信していたとは言い難かったようだ。近代の少女文化が論じられるような場でも、その発行部数に対して、『少女倶楽部』が言及されることは少なく評価も高くはない。

他方、『少女の友』をめぐる回想からは、近代的な都市性と結びつき少女たちの感性と同伴した同誌への高評価が見出せる。もっとも、都市部の女学生たちに支持され、文化的な意義が見出されたということは、見方を変えれば、『少女の友』が提供する夢の世界を心底楽しみ享受することができたのは、あくまで知的にも金銭的にも地理的にも恵まれた階層の人びとであった、ということでもあろう。近代の少女文化を後世から捉えるとき、そうした点にも目配りをしておきたい。

ともあれ、作家の田辺聖子や児童文学者の遠藤寛子をはじめ、少女時代に『少女の友』を愛読した文学者たちは少なくない。作家・翻訳者の須賀敦子が、『少女倶楽部』と『少女の友』を対比しながらつづるエッセイからは、これらの雑誌がどのような機能をもったのかが明快にみて取れる。

> 学校の帰り道に、そのころ開店したばかりの本屋の店先でいろいろ読みくらべてみると、おなじ少女向きでも、「少女の友」という雑誌のほうが、さし絵もしゃれていて、ずっと高級に思えた。これは妹もおなじ意見だった。「少女倶楽部」のほうは、いまならダサイとでもいうのだろう。一種の少女向け情報誌じみたものではなかったか。「少女倶楽部」はつまらない、と私はたちまち確信してしまった。読みたかったのは、もっと甘くてロマンチックな物語がいっぱい載っている雑誌だったのだから。（須賀二〇〇一）

『少女倶楽部』と『少女の友』の対比は、「情報誌じみた」と「甘くてロマンチックな物語がいっぱい載っている」という言葉に象徴されている。これらの視点が示すのは、彼女たちのよりどころとなった近代の都市的な文化表現とは、必ずしも実社会の現実をそのまま伝えるものではないということだ。むしろ、現実からの飛躍を表現できる自由さこそが、肝要であったともいえる。須賀が『少女の友』の「都会的」な要素を次のように語るとき、それはさらに切実さを帯びる。

> この雑誌がどうしても欲しかった理由はいくつかあったが、まず、「少女倶楽部」にくらべて「友」のほうは表紙からしてずっと都会的だった。そのうえ、着るものはなくなる、食べるものも満足にない日常で、現実がどちらを向いても灰色の壁にぶつかっているような時代に、この雑誌はそれを超越して私たちをある愉楽の世界にさそってくれた。なによりも、私たちの夢を大きく支えていたのは、あのなよなよした、たよりない女の子ばかり描いてみせる中原淳一のさし絵だった。戦争がすぐそこまで来ていた時代に、淳一は、この世が現実だけでないという事実を、あのやせっぽちの少女たちを描くことで語りつづけていた。
> 目ばかり大きくて、手足のやたらと長い、虚弱そのものみたいな淳一の少女たちが、昭和十年代後半の女の子たちにとって、どれほど魅力にとんだものだったか。戦争が身近に迫ってくるにつれて、私たちは現実でないものをこそ、身のまわりに備えておきたかった。（須賀 二〇〇一）

近代的な都市性の美点は、現実から遊離して夢を描くことができるような余白にあるのかもしれない。生活から余白が最も奪われる時代に否応なく向かっていくときにこそ、「夢」は強く希求されたのだ。

【引用・参考文献】

今田絵里香（二〇〇七）『「少女」の社会史』勁草書房
内山基（一九八〇）『編集者の想い出』モードェモード社
上笙一郎〔編〕（一九七四）『聞き書　日本児童出版美術史』太平出版社
実業之日本社〔編〕／遠藤寛子・内田静枝〔監修〕（二〇〇九）『『少女の友』創刊１００周年記念号　明治・大正・昭和ベストセレクション』
社史編纂委員会〔編〕（一九五九）『講談社の歩んだ五十年　明治・大正編』講談社
須賀敦子（二〇〇一）『遠い朝の本たち』筑摩書房

第六章　観光都市化がおよぼす京都表象の変遷

京都に生まれつつある新たな都市表象

須川まり

一　はじめに

京都は世界的に知られる観光都市である。アメリカの大手旅行雑誌 *Condé Nast Traveler* では「世界で最も魅力的な大都市トップ10」で京都が二〇二〇年に首位、二〇二一年に三位に選ばれた。江戸時代に最初の名所図会『都名所図会』（一七八〇）の題材にも選ばれたように京都は観光都市として早くから認識されてきた。政策面でも一九三〇年に全国に先駆けて観光課を設置し、一九五〇年に住民投票のもと地方自治特別法「京都国際文化観光都市建設法」が制定され観光都市化を積極的に推し進めてきた。新幹線開通の一九六四年に京都駅前に京都タワーが建てられ、一九六六年に奈良と鎌倉と共に「古都における歴史的風土の保存に関する特別措置法」（通称：古都保存法）によって歴史的景観を守ることになり、一九九四年には「古都京都の文化財（京都市、宇治市、大津市）」がユネスコの世界文化遺産に登録され景観保護が重視されてきた。その一方で、京都駅などは一九九七年に四代目として現在の建築デザインに刷新され、二〇一〇年にヨドバシカメラ マルチメディア京都が京都駅の北側に建設されるなど、京都駅周辺の様相は大きく変わっている。

筆者はこれまで映画に描かれる観光都市京都の表象を探ってきた。その成果は『表象の京都』（須川二〇一七）にまとめている。拙著では、江戸時代に曲亭馬琴によって観光客の立場から示された京都のイメージを手がかりに、同時代の京都を描いた現代劇映画の特徴を考察した。曲亭は『南総里見八犬伝』（一七六七－一八四二）の著者として有名だが、江戸から京都にやってきた際の印象を『羈旅饅録』（一八〇二）で「京によきもの三つ、女子、加茂川の水、寺社、あしきもの三つ、人気の吝嗇［けち］、料理、船便」（江間 一九八一：五八）と京都の良い点と悪い点をあげている。筆者は、京によきもの三つに注目し、江戸時代からつづく京都のイメージが映画内でどのように表象され、時代によってどのような変化が生まれてきたのかを探ってきた。本章では、拙著（須川二〇一七）の続編として観光都市化が進む京都に生まれつつある新たな都市表象について「京によきもの三つ、女子、加茂川の水、寺社」の項目の変化を論じる。

二　主人公の変化：京女から学生へ

筆者は京都を舞台にした現代劇映画を京都現代劇映画と呼び、そのサブジャンル映画の基礎をつくった作品を溝口健二の『祇園の姉妹《きょうだい》』（一九三六）と位置づけている。本作では二人の芸妓と花街の表象を通して京都の都市的性格である閉鎖的空間や女性のまちとしての側面が強調されている。男性主人公が中心の時代劇映画を発展させてきた京都で、同時代の作品を描く際に女性＝京女が主人公となる――そのことによって一九六三年頃の京都現代劇映画では伝統文化を守りながら働く女性表象と京都表象を通して、新たな社会の波の到来に対して変化を嫌う男性中心主義の価値観が表出される。それまで、うなぎの寝床と呼ばれる京町家のなかで展開される伝統文化の世界を私たちは簡単に見ることはできなかった。映画でカメラが京町家に侵入することによって、観光客＝ゲストがなかなか見ることのできない京都の伝統的慣習が暴かれていく。つまり京都現代劇映画の女性主人公たちは京都人＝ホストであり、見られる存在であった。

『ヒポクラテスたち』（一九八〇）以降、京都現代劇映画の主人公は大学生に変わっていく。二〇二二年度の総務省統計局と文部科学省「学校基本調査」に基づき都道府県別の大学数と学生数を調査した。結果、京都は大学数が全国七位（三四校）、学生数が全国五位（一六六一三七人）であった。人口と学生数の比率を計算したところ、常に首位の東京が二位五・五％に対し、京都は一位六・四％であった。三位以下が二％台であることから、京都は学生の比率が高いことがわかる。つまり京都は学生が多く暮らす「学生のまち」である。

『ヒポクラテスたち』を監督した大森一樹は大阪・兵庫出身で京都府立医科大学の学生であった。本作は洛北医科大学と名前を変え母校を舞台に医学生を描いた青春映画である。映画評論家の川本三郎は大森との対談で、当時流行していた、血を流して生きている暴走族や不良少女の青春映画を「見られる側の青春映画」と位置づけ、医者の卵をとりあげた本作を「見る側の青春映画」として評価している。川本は、医者はドラマに参加せず、患者の苦しみ、死、近親者の涙を見ている人間であり、監督も同様の立場であると指摘する（大森・川本 一九八〇）。本作の主人公はこれまで覗き見られる存在であった女性主人公ではなく、その空間への侵入が許されずドラマには参加できない観客や観光客と同様に、京都外からやってきた学生たちである。彼らは見る側であり、「よそ者」と呼ばれる存在である。徳田剛（二〇二〇）や敷田麻実（二〇〇九）によるよそ者の定義をまとめると、よそ者は地域外からやってきて、地域社会を俯瞰的に見て中立的な立場で関わる人びとを指す。そのため京都の学生は地域外からやってきて数年間京都で暮らし、京都の文化を享受したあと、都会への就職や故郷に帰ることで京都を離れ、地域外から再び京都を見る側の存在となる。

森見登美彦や万城目学といった京都大学出身者たちもよそ者だが、彼らの小説を映像化した作品群の主人公も京都大学の男子学生である。森見登美彦原作作品として、ＴＶシリーズの『四畳半神話大系』（二〇一〇）、同シリーズの映画版『四畳半タイムマシンブルース』（二〇二二）、映画『夜は短し歩けよ乙女』（二〇一七）は京都大学の寮に暮らす男子学生と彼の生活圏としての京都の風景が描かれている。四畳半シリーズにおいては、主人公の「私」につきまとう男子学生の小津がキーとなる。小津は映画監督の小津安二郎を想起させる名前だが、小津安二郎の作家性について吉田喜重（一九九八）は少しのずれを含ませた反復の描写を指摘しており、実際小津の作品では反復の描写が多い。そのオマージュともいえる友人の小津と共に、主人公の「私」は少しのずれとして異なるサークルに入部し何度もキャンパスライフを再スタートさせるが、毎回選択を誤り不毛な結果に終わってしまう。反復と共に不毛な結末をもたらす存在として小津をうらむ「私」だが、これまで経験してきた並行世界（学生生活）の蓄積から小津との不毛なキャンパスライフ自体が充実したものであったことに気づき、最終話では新たな結末を迎えることになる。『四畳半タイムマシンブルース』では、登場人物たちを巻き込みクーラーのリモコンの故障を防ぐために何度もタイムマシーンを使って時間を遡る。反復は四畳半シリーズのテーマとなっており、石田美紀（二〇二二）も同シリーズのループ構造について指摘している。

　京都は戦災を逃れた背景から、古都保存法や建築物の高さ制限によって景観を維持しているようにみせているが、外観を残したまま内装を変える京町家の保存・再生活動を進めたり、景観になじむ新たな建造物（ＳＵＩＮＡ室町など）や京都アニメーションなどの新たなコンテンツも増えている。京都の景観は古都を意識しながら少しずつずれを生んでいる。反復の舞台として京都が用いられ、その世界の主役が学生であるという設定は、いかにもこの都市のあり方と重なり合うしかけである。

　万城目学原作の実写映画『鴨川ホルモー』（二〇〇九）は、ホルモーと呼ばれる鬼を使って戦うサークルの物語で、戦いのなかで京都の各名所（鴨川、平安神宮の前の大鳥居、巽橋、南禅寺水路閣など）が背景に登場するため、観客はコミカルでファンタジーな世界観とともに京都観光を疑似体験できる。ホルモーのサークルがある大学として、東の京都大学、北の京都産業大学、南の龍谷大学、西の立命館大学が登場する。

　また京都大学の学生以外でも、二〇一六年版の『古都』の娘や『ぬいぐるみとしゃべる人はやさしい』（二〇二三）

の主人公は同志社大学、『ぼくは明日、昨日のきみとデートする』（二〇一六）は京都精華大学、また立命館大学映像学部による『京都太秦物語』（二〇一〇）、京都芸術大学（旧京都造形芸術大学）映画学科の北白川派と呼ばれる学生と教員による製作プロジェクトの作品群など、かつての京都の学生や、現役の学生の目線から、京都の学生を描いた作品が増えている。二一世紀以降、彼らの学生時代の原風景として、よそ者による京都表象が新たな京都現代劇映画の特徴として蓄積されつつある。

三　ランドマークの変化：鴨川と京都タワー

ランドマークとは何か。都市のイメージを論じたケヴィン・リンチは「ランドマークとは点を示すもので、観察者から離れて存在し、いろいろな大きさの単純な物理的要素から成り立っている。ある都市についてよく知っている人ほど、道しるべとしてますますランドマークのシステムに頼ろうとする傾向がみられた」と述べている（リンチ二〇〇七）。

多くの映画作品では、物語の舞台としてランドマークのショットを用いる。それは映画用語ではエスタブリッシング・ショットと呼び、『フィルム・スタディーズ事典』（二〇〇四：四四）では「後に続くアクションが編集によってばらばらにされる前に、そのアクションがどこで、時にはいつ起きたのか、を設定するショット」を指す。京都現代劇映画は、時代によってランドマークが変化している。本節ではこのランドマークの変化についてみていこう。

筆者はすでに鴨川の表象を論じた。鴨川は曲亭馬琴の指摘した京によきもの三つの「加茂川の水」に該当し、本来のランドマークを意味する点としてだけではなく、線としても機能する。線としての鴨川の表象については『偽れる盛装』（一九五一）や『お引越し』（一九九三）を事例に拙著（須川二〇一七）で論じている。

東海道五十三次の終点である三条大橋は鴨川に架かる橋である。江戸時代の浮世絵や十返舎一九の道中記『東海道中膝栗毛』にも登場するため、三条大橋および鴨川は江戸時代から認識されている京都のランドマークである。花街を描いた『偽れる盛装』では、鴨川の東にある花街を古い価値観がとどまる場所として、京都市役所や繁華街のある西側を新しい価値観が認められる場所として、新旧の価値観の境界線に鴨川を位置づけている。『893愚連隊』（一九六六）では、愚連隊の三人がラストで三条大橋の欄干で途方に暮れながらぼんやりと話している。強奪した大金が水の泡と消え、その終着地といえるラストショットに東海道五十三次の終点である三条大橋が使われている。

映画『パッチギ！』（二〇〇四）では韓国と北朝鮮の間に流れるイムジン川に見立てて、朝鮮高校の生徒と日本人の不良高校生が戦う場所として鴨川デルタが用いられる。鴨川デルタは東の高野川と西の賀茂川が合流する三角州を指し、相反する者同士が出会う、あるいは衝突する場所として使われる。また、『四畳半神話大系』では主人公たちが鴨川デルタを「コンパ会場」と揶揄して花火を放ち、デルタで楽しむ学生たちの邪魔をする。さらに、鴨川沿いに等間隔にカップルが座る光景は鴨川の風物詩であるが、それを横目に「私」が走る姿も描かれており、鴨川はランドマークとして機能するだけではなく、学生が頻繁に訪れる日常空間として表象されている。

一方で、古都京都のランドマークとしては京によきもの三つに数えられる「寺社」が使われている。小津安二郎は『晩春』（一九四九）の京都の場面の冒頭で通称八坂の塔とも呼ばれる法観寺の五重塔を使うほか、観光地として清水寺と龍安寺を登場させる。小津の京都の風景表象は、「『晩春』と『宗方姉妹』での京都を、あくまで主人公たちの旅先として描き、観光然とした際立った場所ばかり選んでいる。野外を捉える手法も、いささか紋切型という感すらいなめない」（鴇ほか 一九九四：一二二）と批判されている。しかし『宗方姉妹』（一九五〇）では東山の光景を描写する「山紫水明」を意識した台詞があるため、小津自身が京都の都市のアイデンティティを理解していないわけではない。京都の寺社を使うと日常の風景を描いていたとしても京都観光を観客は想起してしまう。そのため京都は匿名性の高い場所を使うのが難しい都市だといえる。小津は懇意にしていた旅館「ささき」の近くに立つ八坂の塔や東山の風景を用いることが多い。つまり小津にとって愛着のある場所のランドマークともいえる。

初代の東寺の五重塔は平安時代の八八三年頃に建立され、修復されながら今も存在感を放っている。そのため、古都＝平安京のランドマークであり京都外からやってくる人々の道しるべであった。ハリウッド映画『ブレット・トレイン』（二〇二二）の舞台は伊坂幸太郎著の原作小説『マリアビートル』（二〇一〇）の設定と異なり、東北新幹線から東京‐京都間の東海道新幹線に変更されており、東海道の終点である京都を物語の終着地に設定している。ラストに登場する京都の風景はセットで組まれたものだが、そのランドマークとして京都タワーではなく東寺の五重塔と思わしき建造物と京町家が登場し、京町家は新幹線によって破壊される。つまり、本作では京都の入り口として五重塔を用いており、海外からのまなざしでは、現在でも古都京都のイメージが強いことがうかがえる。

しかし、いまの京都のランドマークはより高さのある京都タワーへ移行しつつある。京都タワーは一九六四年一二月二五日に竣工された。当時、景観問題などから建設反対の署名活動も起きるほど、京都タワー建設の論争は大きかった。『ぬいぐるみとしゃべる人はやさしい』（二〇二三）は同志社大学の変わったサークルを描いた同名小説を映画化した作品である。金子由里奈監督が立命館大学出身であることから入学式で配られる紙袋や校舎は立命館大学のものだが、ほとんど観光の要素を排除した本作において、唯一登場するランドマークが鴨川から見える京都タワーである。本作は多様性をテーマにぬいぐるみと話すことで気持ちが安らぐ学生たちの姿を描いており、主人公たちは入学式早々まだ悩みの少ない時期に道に迷って鴨川を訪れる。迷子になることからも彼らが京都外からやってきたよそ者であることがわかる。ここにおいて、主人公たちが場所を確認する際に京都タワーを南を示す道しるべに使う。また、本作ではぬいぐるみと話すことが憩いの時間となるため、鴨川に行かずサークルの部屋や自身の部屋にひきこもってしまう。ここでは本作の主要テーマである多様性の議論は省略するが、学生だけの閉じた世界を京都現代劇映画の特徴の一つとして押し上げた作品ともいえる。

『ゴジラvsメカゴジラ』（一九九三）では、京都のランドマークが多く登場する。ラドンの巣の卵を京都の生命科学研究所に持ち帰り孵化させたところ、ゴジラザウルス（ゴジラが水爆実験で変異する前の空想上の生物）の赤ちゃんが誕生した。ゴジラザウルスの赤ちゃんはベビーと呼ばれ大切に育てられていた。ゴジラは水爆実験で変異した姿だが、子どもと思しきベビーを探しに京都にやってくる。ゴジラは京都に上陸後、背景に映る東寺の五重塔に目をくれず、京都タワーへ向かい、それを破壊する。各地のランドマークを破壊してきたゴジラが五重塔を無視する姿勢は、京都のランドマークがすでに京都タワーに代がわりしていたことを暗示している。その後、ゴジラは北上し三条大橋、そこから南東の清水寺、さらに八坂の塔の方角へ北東に向かい、その近辺の二年坂をのぞき見たあと京町家を踏みつぶしていく。寄り道をしたゴジラは鴨川の上流へと再びルートを戻した後、ようやく研究所に到着するのである。

　いずれもゴジラが通過した場所はこれまで紹介してきた京都の名所である。京都駅から研究所へとまっすぐ北上する場合、清水寺や八坂の塔はルートから外れた東側に位置することから、ゴジラは目的に向かって突進しておらず、同場面はゴジラによる京都観光の場面ともいえる。また三条大橋、清水寺、八坂の塔は破壊されずに、京都の現状を示すがごとく、京都タワーと京町家だけが破壊される。これまでの京都の象徴を刷新した存在である京都タワーと、京町家の保全活動が行われながらも失われつつある京町家が破壊の対象となっている。しかし皮肉にも、清水寺の一場面ではゴジラに破壊されたはずの京都タワーの姿が遠くに見える。多くの反対者がいるなかで建設された京都タワーだが、二〇二三年現在でも京都のランドマークとしての未来が約束されていることを示唆している。

　京都タワーは他の作品でも破壊される。アニメーション映画『HELLO WORLD』（二〇一九）では京都駅が最後の戦いの場となる。本作は二〇二七年の京都を舞台にした作品で、主人公の男子高校生の堅書直実の前に二〇三七年の主人公のナオミが登場する。ナオミは過去の記憶を変えるために、一〇年前の主人公にモノを具現化させる能力を授ける。そこで直実は鴨川デルタで二〇二七年の世界がドローンカメラによって記憶されたデータ都市であるという秘密を知ることになる。直実の活躍により過去の記憶を変えることに成功するが、その結果エラーが発生し、その修復を試みるプログラムが擬人化して大量の狐面となり、エラーの原因である直実たちを狙って襲ってくる。狐面たちは最終的にゴジラのような怪獣の形態となり攻撃をしかけ、京都タワーの先端を折り武器に使って主人公を突き刺そうとする。ナオミの計らいで直実は刺されずに終わり、タワーの展望室に閉じ込められていた来訪者を救うことになる。『ガメラ３：邪神〈イリス〉覚醒』（一九九九）では、京都駅内部でガメラとイリスの最終決戦が行われるが、遠景ショットでは京都タワーではなく東寺の五重塔がランドマークとして使用される。本作の京都表象は沢水男規（二〇一八）が論じている。京都駅もまた一九九七年に刷新された新たな京都の象徴といえる建築物である。『８９３愚連隊』ではスタート地点であった京都駅だが、『ブレット・トレイン』『HELLO WORLD』『ガメラ３』ではゴール地点となり、いずれも破壊行為が行われる。京都駅は新幹線の止まる駅であるため、京都外からやってきた人びとの玄関口であり、駅前に建つ京都タワーは京都人や学生にとっては南を示す道しるべとなる。ＪＲ東海の「そうだ京都、行こう。」のＰＲが一九九三年から始まったことで京都の四季と寺社の美しい光景が全国に普及し、古都京都のイメージがより強固なものとなったが、古都とかけ離れたイメージの京都タワーが、玄関口や道しるべとして、映画内でも新たな京都のランドマークとして認められている。

四　歴史の重層性：古都を背負った京都

山上徹が世界遺産「古都京都の文化財」を論じた際に京都人は「京都は「古の都」ではなく、伝統文化を継承し、かつ革新をも続ける「古からの都」と自負する」（山上 二〇一二：二五）と指摘する。京都は古都の上に何重にも新しい文化と時代を重ねてきた都市である。『HELLO WORLD』や北白川派の『嵐電《らんでん》』（二〇一九）では過去の記憶や未来を行き来する人びとと京都の都市空間を通して、時間の重層性や複合性を描いている。『HELLO WORLD』はスマートシティ化が急速に進んだ京都とデータとして管理された記憶のなかの京都を複合させている。『嵐電』の評論内で森達也は「舞台は古都・京都。過去と現在と未来が薄い闇で混然と重なり合うあやかしの街」（二〇二一：四七）と述べている。嵐電は京福電気鉄道が運営する嵐山本線と北野線を指し、東映・松竹の京都撮影所のある撮影所前駅にとまる。京福電鉄の北野線沿線には一九二〇‐三〇年代にかけて多くの映画撮影所が建設され、太秦《うずまさ》は映画のまちとして発展した。本作には京都人が京都を撮影した古い映像の上映会の場面も挿入され、過去の京都と現在の京都の光景が交錯する。

　京都では伝統文化が継承および革新されている。新しいもの好きの京都は観光都市化するだけでなく、東京遷都後に日本初の路面電車の開通や日本初のフランスの映写機の試写実験がなされ、現在では日本初進出の外資系ラグジュアリーホテルを続々と呼びこんでいる。その新しい要素は外からの刺激と共に革新を促してきたため、よそ者かつ若者である学生が京都表象の主人公あるいは製作者である点からみて、表象面でも革新が起き始めているといえる。現在の京都は京都アニメーションの人気により映画都市ではなくアニメの聖地のイメージも色濃いが、本章でみてきたように映画文化を継承してきた京都現代劇映画がその京都の変化をすでに指摘しており、映画都市京都という一面も、また魅力的なのである。

【引用・参考文献】

伊坂幸太郎（二〇一〇）『マリアビートル』角川書店
石田美紀（二〇二二）「翻案者としての湯浅政明」『ユリイカ　総特集＝湯浅政明』二〇二二年七月臨時増刊号：五七‐六三
江馬務（一九八一）「関東関西の風俗習慣」『町人文化百科論集第六巻　京のくらし』柏書房：五八‐六二頁
大森一樹・川本三郎［対談］（一九八〇）「『ヒポクラテスたち小特集』――見る側のつらさを描いた青春映画」『キネマ旬報』一一月上旬号：一〇七‐一一一
沢水男規（二〇一八）「『ガメラ3邪神〈イリス〉覚醒』における京都――怪獣映画における都市・京都の表象」『人間・環境学』二七：四七‐五八
敷田麻実（二〇〇九）「よそ者と地域づくりにおけるその役割にかんする研究」『国際広報メディア・観光学ジャーナル』九：七九‐

一〇〇
須川まり（二〇一七）『表象の京都──日本映画史における観光都市のイメージ』春風社
総務省統計局（二〇二三）「2-2　都道府県別人口と人口増減率」『日本の統計２０２３』〈https://www.stat.go.jp/data/nihon/02.html（最終確認二〇二三年四月一五日）〉
徳田剛（二〇二〇）『よそ者／ストレンジャーの社会学』晃洋書房
中島貞夫・筒井清忠・加藤幹郎・岩崎健二（一九九四）『京都シネマップ──映画ロマン紀行』京都国際映画祭組織委員会京都事務局
ブランドフォード、S・グラント、B、K・ジム、H／杉野健太郎・中村裕英［監修・訳］（二〇〇四）『フィルム・スタディーズ事典──映画・映像用語のすべて』フィルムアート社
鴇明浩・京都キネマ探偵団［編］（一九九四）『京都映画図絵──日本映画は京都から始まった』フィルムアート社
森達也（二〇二一）「森達也の私的邦画論──古都が舞台の『嵐電』で映画的な時空を堪能する」『Newsweek＝ニューズウィーク』三六（二二）：四七
文部科学省（二〇二二）「令和4年度 高等教育機関《報告書掲載集計》学校調査 大学・大学院」『学校基本調査　令和4年度』〈https://www.e-stat.go.jp/stat-search/files?stat_infid=000032265024（最終確認二〇二三年四月一五日）〉
山上徹（二〇〇二）「世界遺産（24）古都京都の世界遺産と暫定リスト入りへの壁（前編）古都京都の木の文化財」『観光施設』三四一：二四-二八
吉田喜重（一九九八）『小津安二郎の反映画』岩波書店
リンチ、K／丹下健三・富田玲子［訳］（二〇〇七）『都市のイメージ（新装版）』岩波書店

【本章で扱った映像作品一覧（公開／放映年順）】

『祇園の姉妹』一九三六年、溝口健二監督／『晩春』一九四九年、小津安二郎監督／『宗方姉妹』一九五〇年、小津安二郎監督／『偽れる盛装』一九五一年、吉村公三郎監督／『古都』一九六三年、中村登監督／『８９３愚連隊』一九六六年、中島貞夫監督／『ヒポクラテスたち』一九八〇年、大森一樹監督／『お引越し』一九九三年、相米慎二監督／『ゴジラvsメカゴジラ』一九九三年、大河原孝夫監督／『ガメラ３邪神〈イリス〉覚醒』一九九九年、金子修介監督・樋口真嗣撮影監督／『パッチギ！』二〇〇四年、井筒和幸監督／『鴨川ホルモー』二〇〇九年、本木克英監督／『四畳半神話大系』二〇一〇年放映、湯浅政明監督／『京都太秦物語』二〇一〇年、山田洋次・阿部勉監督／『古都』二〇一六年、ユウキ・サイトウ監督／『ぼくは明日、昨日のきみとデートする』二〇一六年、三木孝浩監督

／『夜は短し歩けよ乙女』二〇一七年、湯浅政明監督／『嵐電』二〇一九年、鈴木卓爾監督／『HELLO WORLD』二〇一九年、伊藤智彦監督／『CHAIN／チェイン』二〇二一年、福岡芳穂監督／『四畳半タイムマシンブルース』二〇二二年、湯浅政明監督／『ブレット・トレイン』二〇二二年、デビッド・リーチ監督／『ぬいぐるみとしゃべる人はやさしい』二〇二三年、金子由里奈監督

第七章　YouTube と地域振興

観光資源としてのユーチューバーを考える

菊地映輝

一　はじめに

本章では、YouTube に代表される動画共有サービスが現実世界の地域振興にどのように寄与するかを考えたい。そのための事例として、愛知県岡崎市で活躍するユーチューバー（YouTuber）グループ「東海オンエア」を取り上げ、彼らと岡崎市との関係性に着目する。今日、動画共有サービスは世界中で利用されており、とくに YouTube は日本でも大きな人気を誇る。日本では世代を問わず多くの人びとが同サービスを利用しており、総務省情報通信政策研究所の調査結果では、一〇代から四〇代までの YouTube 利用率は九〇％以上になることが明らかになっている。さらに五〇代においても八七％が、六〇代ですら六八％の利用率を誇っていることから、世代を越えて YouTube が支持されていることがわかる（総務省情報通信政策研究所 二〇二三）。YouTube は新たな文化現象も生み出している。それは新たな流行や価値観など多岐にわたるが、本章で注目するのはユーチューバーと呼ばれる YouTube で生計を立てる新しい職業の登場である。YouTube では、テレビのCMのように、動画が再生される前や再生中に広告が表示される。そして、その広告の出稿費の一部は、広告がついた動画の投稿者が得ることができる仕組みになっている。ユーチューバーとは、動画を投稿し、そこにつく広告費の一部を得ている人びとのことを指す。現在、世界中でさまざまなジャンルの動画を投稿するユーチューバーが活躍しており、日本でも多くのユーチューバーが日夜動画を投稿している。たとえば株式会社オモシロが運営するウェブサイト「ユーチュラ」で公開されているチャンネル登録者ランキングには五七〇四〇チャンネルが登録されている。この数はユーチュラのサイト上に登録されたチャンネルに限った数なので、実際にはそれ以上にYouTubeチャンネルは存在しており、チャンネルに動画を投稿するユーチューバーも上記の数字以上に存在している。数いるユーチューバーの中で本章が注目したいのは、日本全国各地の地域で活動するユーチューバーである。たとえば、佐賀県で活動する「釣りよかでしょう。」、沖縄県で活動する「ハイサイ探偵団」、東京都の離島である青ヶ島で活動する「青ヶ島ちゃんねる」など枚挙にいとまがない。そのなかでも、ここでは東海オンエアというユーチューバーを取り上げたい。

二　人気ユーチューバーグループ東海オンエア

東海オンエアは、二〇一三年から活動を開始している愛知県岡崎市で活躍する人気ユーチューバーグループである。メンバーはてつや、りょう、しばゆー、としみつ、ゆめまる、虫眼鏡の六人からなる。YouTubeには、新しい動画が投稿されたことを視聴者に伝えるチャンネル登録という機能があるが、東海オンエアの二〇二三年九月現在のチャンネル登録者数は七〇〇万人である。このようにたいへん多くのYouTubeアカウントが、東海オンエアが投稿する新しい動画を心待ちにしているということが読み取れる。[1] ちなみに、ユーチュラで公開されているチャンネル登録者数ランキングでは、東海オンエアの六九〇万人のチャンネル登録者数は、二〇二三年九月現在、日本で第二一位に位置することがわかる。また、東海オンエアが投稿した動画の累計動画再生回数は一二九億八四四九万四九〇九回再生であり、この数字はユーチュラに登録されているYouTubeチャンネルの中で第五位に位置するという。[2] このように東海オンエアは、日本のYouTubeチャンネルのなかできわめて上位に位置する人気ユーチューバーグループであるといえる。

東海オンエアが興味深いのは、彼らはどれだけ有名になろうとも、活動の場を愛知県岡崎市から移さないという点にある。彼らは、投稿する動画の大半を愛知県岡崎市内もしくはその周辺地域で撮影し投稿している。そもそも、東海オンエアのメンバーたちが岡崎市で生まれ育っている。たとえばメンバーのうち、てつや、りょう、しばゆー、としみつ、ゆめまるの五人は岡崎城西高校出身であり、残り一人のメンバーである虫眼鏡は、出身高校は違うものの、岡崎市内にあるファミリーレストランでリーダーのてつやと一緒に働いていた。このように彼らはユーチューバーとして活動する前から岡崎市で生活を送っていたのである。この事実からは別のことも指摘できる。それは、東海オンエアのメンバーたちはユーチューバーとして活動を始める前から知り合いであり、友人と呼べる関係にあったということである。そのためか、東海オンエアのグループとしての特徴には、メンバー間の仲のよさも挙げられる。それはファンが動画を視聴してそう捉えているということだけではなく、メンバー自身もインタビューなどで自ら口にするほどである。[3] 仲のよさは投稿される動画からも伝わってくる。彼らがYouTubeに投稿する動画内容はさまざまであり、自分たちで作った独自の遊びを遊んでみたり、時にはドラマやコントに挑戦したり、メンバー同士で対決しながら検証企画をしたりもしている。しかし、そのほとんどの動画はメンバー同士がふざけながら遊んでいるようにみえるものだ。また、彼らの動画には、メンバーだけでなく、メンバーの友人なども頻繁に登場する。先に東海オンエアのグループとしての特徴を仲のよさにあると述べたが、こうしたメンバー外の友人が出演する点にもそうした雰囲気

[1] 実際には一人のユーザーが複数のアカウントを所有していることもあるため、必ずしもチャンネル登録者数がユーザー数とは結びつかないことには注意が必要である。

[2] 東海オンエア｜YouTubeランキング〈https://yutura.net/channel/60/（二〇二三年九月二六日最終確認）〉

[3] 東海オンエア・しばゆー「俺らが、一番友達だ！」〝いじられの最前線〟に立ってきたグループYouTuberの誇り｜ORICON NEWS〈https://www.oricon.co.jp/special/56383/（二〇二三年九月二六日最終確認）〉

が垣間みられる[4]。

以上、本節では東海オンエアについて簡単に紹介してきたが、次節からは東海オンエアがいかに岡崎市の地域振興に寄与しているかについて明らかにしたい。

三　ユーチューバーによる地域振興

三―一　観光資源としての東海オンエア

東海オンエアが岡崎市の地域振興にどのように貢献しているかを述べるうえで、最初に取り上げるべきは、観光資源としての東海オンエアについてだろう。東海オンエアには多くのファンが存在するが、ファンのなかには岡崎市を訪れる者も多い。筆者は過去にそうした岡崎市を訪れる東海オンエアファンたちの分析をコンテンツツーリズムという観光枠組みの観点から行っている。コンテンツツーリズムの根幹は、「地域に「コンテンツを通じて醸成された地域固有のイメージ」としての「物語性」「テーマ性」を付加し、その物語性を観光資源として活用すること」にあると言われている（国土交通省・経済産業省・文化庁 二〇〇五）。コンテンツツーリズムの代表的事例であるアニメ聖地巡礼では、その場所がアニメの舞台となることで地域に固有のイメージや物語性が付与されるが、東海オンエアの場合は、彼らが動画の中で訪れる岡崎市内のありふれた場所が、東海オンエアが動画内で訪れたということだけで、テーマ性が付与され、観光資源になるということを筆者は指摘した（菊地 二〇二一）。

自分たちが観光資源になっているということは東海オンエア自身も意識しており、また、岡崎市も認識している。その結果、両者の間では岡崎市内の観光を巡って互恵関係とでも呼べる関係性が成立している。以下に詳しく述べよう。

東海オンエアは、二〇一六年八月から岡崎市によって岡崎観光伝道師に任命されている。そのこともあってか岡崎市の公式観光ウェブサイトである「岡崎おでかけナビ」では東海オンエアの特集が組まれ、「東海オンエア聖地巡り」モデルコースなども提案されている。そのなかには、彼らが動画内でよく訪れる飲食店や、メンバーのうち五人が卒業した岡崎城西高校までもが登場する。このように岡崎市側は、東海オンエアを観光資源として捉え活用している。その証拠に、岡崎市は市内各所に東海オンエアメンバーの等身大パネルや東海オンエアメンバーのイラストマンホールを設置したり、岡崎城などで各メンバーのブロマイドをプレゼントしたりということを市の事業として行っている。さらに付け加えると、岡崎市は東海オンエアの動画撮影にもたいへん協力的である。岡崎市役所観光推進課内には、「岡崎フィルムコミッション事務局」が設置されている。東海オンエアの動画で岡崎市内でのロケをする際には、この岡崎フィルムコミッション事務局の支援を受けて撮影がなされていることが多い。実際に同事務局のウェブサイトの中には「東海オンエアの動画支援実績一覧！」というページがあり、そのページを見るといかにフィルムコミッションが東海オンエアの撮影に協力しているのかがわかる。[5] フィルムコミッションは、一般的にテレビや映画、ＣＭの撮影をサポートするための組織というイメージがあるが、岡崎市ではユーチューバーである東海オンエアの動画撮影においても施設利用の調整などを積極的に行っているのである。フィルムコミッションが介在することで、東海オンエアは市内にある公共施設などで撮影を行ったり、市内を流れる川に入ったりなど市内で自由に動画撮影を行うこ

［4］二〇二三年十月に、メンバーの一人であるしばゆーとその妻であるインフルエンサーのあやなんとのＳＮＳ上での夫婦喧嘩に端を発したトラブルが生じた。トラブルは、リーダーであるてつやをはじめ、東海オンエアの他のメンバーに対しての不満をしばゆーが暴露に近い形でＳＮＳ上で表明するまでに発展し、最終的にはしばゆーの活動休止および、東海オンエア自体も動画投稿を数ヶ月控えるに至った。このトラブルを受け、しばゆーのグループからの脱退と、彼らの友人関係の破綻をファンは心配したが、二〇二四年一月にアップロードされた東海オンエアの動画内で、てつやの口から「どこまでも6人でやっていくこと」が表明され、しばゆーは脱退しないことになった。また、事件後のメンバーたちのＳＮＳには、動画投稿とは関係ないプライベートの場面において、しばゆーとメンバーとが楽しく遊んでいる写真も投稿されたため、友人関係も維持されたものと思われる。

［5］東海オンエアの動画支援実績一覧！｜新着情報｜岡崎フィルムコミッション〈https://fc.okazaki-kanko.jp/news/42〉（二〇二三年九月二六日最終確認）

とが可能になるという訳である。東海オンエアは岡崎市に協力してもらうことで、市内で自由に動画を撮影することができるようになり、結果として動画の再生数やチャンネル登録者数が伸びる。逆に岡崎市側は、東海オンエアの動画の中に岡崎市の風景が登場することで、市としての知名度向上や、岡崎市を訪れる新たな観光客、中には東海オンエアを目的に市に移住をする者まで得られる。岡崎市が市を訪れる東海オンエアファンへのアンケート調査結果から行った試算によると、東海オンエアファンの通算市内消費総額は一五五億円であり、東海オンエアを目的に市に移住した人々の年間推計消費額も四億三八〇〇万円にのぼるという[6]。このような莫大な経済効果をもたらしてくれる東海オンエアと、岡崎市はいわゆるウィンウィンの関係を築くことに成功したのである。

三-二　東海オンエア関連産業の活性化

観光客の増加以外でも東海オンエアは岡崎市に貢献している。それは、東海オンエア関連産業の活性化においてである。これには二つのパターンが存在する。一つ目は観光振興との区別はつきにくいが、東海オンエアの動画に頻繁に登場する岡崎市内の店舗やビジネスが、東海オンエアの動画を通じて知名度を得ることで顧客が増えるというものである。岡崎市観光協会では、二〇一九年一〇月一日から二〇二〇年三月三一日にかけて岡崎市を訪れた東海オンエアファンたちに「東海オンエア聖地投票」という調査を実施し、人気の観光スポットを明らかにしている[7]。人気の観光スポット上位は、一位が「キブサチ」、二位が「まんぷく家」、三位が「暴れん坊チキン」と全て飲食店になっている。いずれの飲食店も東海オンエアの動画によく登場するものである。一位の「キブサチ」は、東海オンエアと仲がよいサチオさんが店主を務めるラーメン屋である。サチオさんは度々東海オンエアの動画にも登場しており、メンバーがサチオさんのモノマネを動画内で披露するなど、ファンの間ではかなり有名な存在になっている。二位の「まんぷく家」も同じくラーメン屋である。東海オンエアの動画では「晩ごはんじゃんけん」と呼ばれる、メンバーたちがじゃんけんをして晩ごはんのお店を決めるという企画がある。その晩ごはんじゃんけんにたびたび登場しているのがまんぷく家だ。まんぷく家は、いわゆる家系ラーメンと呼ばれるジャンルのラーメン屋である。家系ラーメンは、神奈川県横浜市発祥のラーメンだが、ファンたちは愛知県に出かけてわざわざそれを食べているということになる。以上は飲食業の例だが、東海オンエアに関連した産業あるいは東海オンエアの知り合いでたびたび動画にも登場する人物が経営する企業や店舗が、東海オンエアの効果によって盛り上がり顧客が増えるというのが一つ目のパターンである。

二つ目のパターンは新事業の誕生である。東海オンエアは、各メンバーが個人としてもYouTubeチャンネルを持ち動画を定期的に投稿している。メンバーの一人であるりょうは、自身のチャンネル内の企画として東岡崎駅前に自身がプロデュースするカフェ「R COFFEE STAND」を二〇二〇年七月にオープンさせた。R COFFEE STANDは完全予約制だが、東海オンエアの聖地巡礼をする多くのファンが訪れている。同じくメンバーが手掛ける事業としては、二〇二四年二月に、リーダーのてつやがプロデュースするホテル「ほてる小柳津」が翌月から市内で開業することも発表された。てつやによれば、岡崎市内には宿泊施設が少ないため、聖地巡礼に訪れたファンたちが夜には岡崎市から帰ってしまうという問題を解決するための試みだという。さらには、東海オンエアのメンバーではないが、たびたび東海オンエアの動画にも登場していた「出っ歯」と呼ばれる人物がいる。出っ歯は、メンバーの高校時代からの友人であり、現在はユーチューバーとしても活動している。そんな出っ歯が手掛けるファッションブランド『JAN DARA RIN』の販売店舗が二〇二三年の四月に岡崎市内に誕生した。このように東海オンエア自身や東海オンエアに関わる人びとが新たに店舗を岡崎市内で開業するということがたびたびみられている。これが二つ目のパターンである。いずれのパターンも顧客となっている層は観光客であるともいえるが、市内の商業や産業の活性化という視点で捉えることもできる。

---

［6］東海オンエア×岡崎市の取組に対する質問集｜新着情報｜岡崎おでかけナビ-岡崎市観光協会公式サイト〈https://okazaki-kanko.jp/news/5091（二〇二三年九月二六日最終確認）〉

［7］東海オンエア｜岡崎観光伝道師｜特集｜岡崎おでかけナビ - 岡崎市観光協会公式サイト〈https://okazaki-kanko.jp/feature/kankodendoshi/kankodendoshi（二〇二三年九月二六日最終確認）〉

三－三　地域にお金を落とし地域の窓になる

岡崎市の地域振興で忘れてはならない観点は、東海オンエアが、ユーチューバーとして稼いだお金を少なからず岡崎市内で消費している点である。この点はユーチューバーだからこそ起きていると筆者は考える。そのことを説明するための補助線として、旧来の芸能人とユーチューバーとの比較を行いたい。

YouTubeに親しみのない人は、東海オンエアのようなユーチューバーを芸能人のようなものと捉えるかもしれない。確かに、東海オンエアは、最近ではテレビに出演したり、東海ラジオで『東海オンエアラジオ』というレギュラー番組も持っており、その見方も間違いとは言い切れない。しかし、彼らの活動の本質は、自分たちで動画を企画し、出演しながら撮影し、編集して自分たちのYouTubeチャンネルにアップロードすることにある。その点で、テレビ局や番組制作会社の制作するテレビ番組への出演だけを主とする芸能人とは、あり方が大きく異なる。そして、それは住む場所にも大きく関係してくる。ドラマやバラエティなどのテレビ番組は、制作にあたって多くの人員と設備を必要とするために、どうしても東京や大阪などの大都市部に撮影スタジオや制作会社などの番組制作機能が集中してしまう。そのため、そこに出演する芸能人も大都市に移り住んで活動をする必要があった。したがって、テレビ局からギャラとして支払われるお金は基本的に芸能人が住む大都市内で消費されることが多かった。他方、ユーチューバーが撮影するYouTube動画については、インターネットに接続したＰＣと、個人でも購入できるビデオカメラなどの機材があれば、日本中どこにいても撮影・投稿が可能である。つまり、日本中どこでもユーチューバーとして活動ができるのである[8]。だからこそ東海オンエアのように大都市に住まず地方に住んでいても活動を行うことが可能になる。そしてユーチューバーとして稼いだお金が、彼らが住む地方に多く落とされることになる[9]。

東海オンエアによる地域振興の効果として筆者が最後に指摘したいのが、東海オンエアが「地域の窓」になるということである。東海オンエアのファンのなかには、東海オンエアの動画を視聴するようになるまで岡崎市の存在を認知していなかった者も数多くいる。そうしたファンたちは、東海オンエアを通じて初めて岡崎市という自治体を知り、地域の文化、環境、歴史なども知る。すなわち、東海オンエアは岡崎市という地域を日本全国に紹介する役割を担っているともいえる。そうした宣伝効果は、自治体が自らのウェブサイト上で地域を紹介することの何倍もの価値を持つ。ここで注意したいのが、東海オンエアが紹介する岡崎市の姿は、観光地として演出された町の姿に限らないということである。本章では、これまで東海オンエアが岡崎市の観光にどれほど貢献しているかを述べてきたが、多くの動画内で映し出される岡崎市は、どこにでもある地方都市の日常としての姿に近い。国道沿いに存在するラーメン屋、ただの街なかの公園、巨大なショッピングモールなど、全国の地方都市とそのロードサイドにありふれたような風景が動画内に登場し、東海オンエアはそれをいかにおもしろく楽しむかにチャレンジしている。その意味で、東海オンエアは「地方にこもる若者たち」(阿部 二〇一三)であり、そうした若者が都市といかに向き合うべきかをファンたちに教えているようにもみえる。地域の窓としての東海オンエアは、岡崎市に住む若者たちに対しても機能している。自分が特別に思っていなかった日常としての岡崎市を、等身大の素敵な場所であると教えてくれる役割を果たしているからだ。東海オンエアの動画を通じ、若者を中心に地域住民たちの地域への誇り、いわゆる「シビックプライド」の醸成も期待できるのではないだろうか。

四　おわりに

ここまで東海オンエアを事例に、ユーチューバーが観光資源として機能すること、ユーチューバーに関連した産業が地域内で活性化すること、ユーチューバー自身が地域内でお金を落とすこと、ユーチューバーが地域の窓となり内

[8] もっとも岡崎市は名古屋市のベッドタウンとしても知られているため完全に地方と言い切るのは難しいかもしれない。しかし、東海オンエアが名古屋市内に住んでいないということが重要である。

[9] たとえばメンバーたちが市内で豪邸に住んだり、土地を買っていることが動画内で明らかになっている。

外に地域の魅力を発信するということの四点を指摘した。筆者の主張は、こうした現象が東海オンエアに固有のものではなく、日本全国の地域で活動するユーチューバーたちにも潜在的に起こり得るだろうというものだ。

二〇〇〇年代半ばに自民党から民主党へと政権交代が行われた際に「コンクリートから人へ」というスローガンが流行った。これはダムや空港の建設のようなコンクリートを使う公共事業に税金を使うのではなく、子育て、教育、医療などの人に対する政策の実現に使うのだという意味が込められている。本章では、ユーチューバーが地域振興に寄与する可能性を提示したが、そこから導き出される結論は、やはり「コンクリートから人へ」である。もちろん二〇〇〇年代半ばの時とは意味が異なる。ここで筆者が言いたいのは、ユーチューバーがいることで地域振興が実現するのであれば、そうした人びとが増えるように地域はＩＣＴ教育などに予算を使うべきということである。もちろん、東海オンエアのような才能をもったトップユーチューバーが生まれてくる確証はどこにもない。しかし、まずは母数として地域のユーチューバーが増えることが必要であり、それはこれからの都市が目指す地域振興にとって極めて重要な意味を持つだろうと著者は期待している。

【引用・参考文献】

阿部真大（二〇一三）『地方にこもる若者たち――都会と田舎の間に出現した新しい社会』朝日新聞出版

菊地映輝（二〇二一）「「行政の応援を武器にする」観光伝道師の役割りを果たすユーチューバーたち」増淵敏之・安田亘宏・岩崎達也［編］『地域は物語で「１０倍」人が集まる――コンテンツツーリズム再発見』生産性出版：八一－一〇〇頁

国土交通省・経済産業省・文化庁編（二〇〇五）『映像等コンテンツの制作・活用による地域振興のあり方に関する調査』国土交通省総合政策局観光地域振興課・経済産業省商務情報政策局文化情報関連産業課・文化庁文化部芸術文化課

総務省情報通信政策研究所（二〇二三）「令和４年度情報通信メディアの利用時間と情報行動に関する調査報告書」総務省情報通信政策研究所

第Ⅱ部

ツーリズムから考える都市と文化

第八章　ツーリズムと都市文化

移動《モビリティ》の中で生成する都市

遠藤英樹

一　はじめに：都市の不思議

ニューヨーク、ロサンゼルス、ロンドン、パリ、東京、ソウル。これら世界の大都市は、不思議さに満ち溢れている。夕暮れがせまる都市の交差点で信号待ちをしているとしよう。そんなとき、何となく寂しくて、孤独で、人恋しいと思った経験がないだろうか。都市にいるとき周りを見渡してみると多くの人がいるのに、私たちは「孤独」を感じて、「人恋しい」と思ってしまう。多くの人が集まっているのに、孤独。孤独なのに、たくさんの人がいる。どうして都市では、そんなことが起こるのだろうか。

　都市の不思議さに魅せられるかのように、その理由を考えた社会学者がいる。ゲオルグ・ジンメルというドイツの社会学者である。ジンメルは、ドイツのベルリンという大都市やそこに生きる人びとの人間関係を観察し、都市の匿名性こそが、その理由だと考える。

　都市にはたしかにたくさんの人がいるが、それは、お互いの名前も知らないような、見知らぬ者同士が集まっているだけである。すれ違った次の瞬間には、どのような顔だったのかさえ忘れているかもしれない。誰でもないし、誰でもいい人間関係だ。それを非人格的な人間関係というが、そうした人間関係のもとでは、いくら多く集っていようが人は孤独なのだ、とジンメルは言う（ジンメル 一九九四）。

しかし、そのことは決して、お互いに無関心でいるということを意味しているわけではない。たとえば、都市の交差点で誰かが刃物をちらつかせて歩いていたりしたら、私たちはすぐにそのことを察知する。それは、お互いがお互いを注視し合っているからだ。ただ、だからといって相手のことをじろじろ見たりしない。相手の動きを気にしてはいるが、非人格的な人間関係を維持できるよう、「何気なく」気にしているのである。

つまり私たちは都市において、「他者に無関心」でいるのではなくて、「他者に無関心な関心をよせている」のだといえるだろう。アメリカの社会学者であるアーヴィング・ゴフマンは、このことを「儀礼的無関心」という表現で述べている（ゴッフマン 一九八〇）。

私たちは街なかで、相手が刃物をもって歩いていないかなど、いろいろと気にしてはいる。しかし「すぐに視線をそらし、相手に対して特別の好奇心や特別の意図がないことを示す」。そうすることで、お互いの人間関係が保たれているのが、都市という場所である。

二　「社会的実験室」としての都市

こうしてみると、都市とは、単に物理的な場所であるというにとどまらず、人が集まり日々さまざまな行為を繰り返し多くの「想い」を持ち寄っている場所なのである。つまり都市とは、人びとの「行為」「想い」が凝縮された場所なのだ。そのため社会における人びとの「人間関係」「行為」「想い」が、とてもわかりやすく観察できる場所なのだといえよう[1]。

ロバート・パークというアメリカの社会学者も、都市は「人間性と社会過程を、もっとも有効かつ有利に研究しうる実験室」のようだと述べる（Park & Burgess 1925）。彼は、都市を「社会の実験室」のようなものだと考え、都市社会学という領域をきりひらいていく。ロバート・パークをはじめとする数人の社会学者たちは、ジンメルの社会学に影響をうけながら、二〇世紀初頭のアメリカ合衆国のシカゴという大都市（図８-１）を舞台に都市社会学を開花させ、「シカゴ学派」という都市研究の流れを作り出していったのである。

　この「シカゴ学派」において、アーネスト・バージェスという社会学者が考えた「同心円理論」は、都市の構造を考えたものとして、いまなお重要な理論である（図８-２）。バージェスは当時のシカゴを観察した結果、都市が①中心ビジネス地区（CBD：Central Business District）、②遷移地帯（都市発展の過程で取り残されたスラムなど低所得者の居住地帯）、③労働者住宅地帯、④一般住宅地帯、⑤通勤者住宅地帯へと同心円的に拡がっていくと考えた。

　またパークやバージェスはフィールドワーク

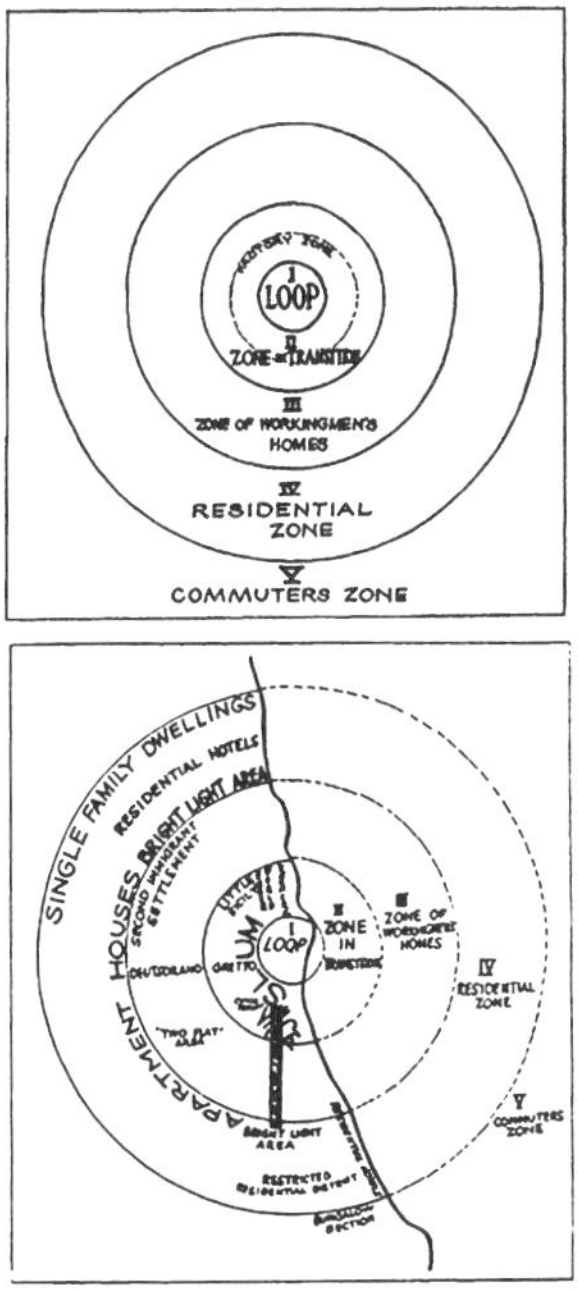

図 8-2　都市の同心円構造
（Park & Burgess 1925）

図 8-1　シカゴの風景
（筆者撮影：2000 年 2 月 26 日）

［１］その意味で都市は、近代社会や、その中で生きる人びとのありようを先鋭に映し出す鏡なのである。だからこそヴァルター・ベンヤミンという思想家もまた、パリという都市のパッサージュを遊歩するフラヌール（遊歩者）的な視線をもって、近代社会のファンタスマゴリ（幻像）とそこからの救済を見出したのである。

を主体とした研究方法を大学院生に推奨し、数々の「シカゴ・モノグラフ」の産出を促していった。「シカゴ・モノグラフ」では、都市の中のスラム街、貧民窟、繁華街などの場所を歩き、ホームレスや暴力団や不良少年などさまざまな人びとと接し、都市の中で人びとがいかに振る舞い、どのような思いを抱いているのかが調べられていった。

その一つに、ネルス・アンダーソンの『ホーボー』という書物がある（アンダーソン 一九九九、二〇〇〇）。これは、シカゴ中心部の南西のはずれ「ウェストマディソン・ストリート」にかつて集住していた「ホーボー」と呼ばれるホームレスの渡り労働者（働きながら方々を渡り歩いた労働者のこと）の生活を描いたものである。またハーベイ・W・ゾーボーの『ゴールド・コーストとスラム』という著書もそうだ（ゾーボー 一九九七）。そこでは「同心円理論」をうまく活用しつつ、高級住宅街「ゴールドコースト」と、そのすぐ西側に隣接する「スラム」との対照性がシカゴのフィールドワークから浮き彫りにされている。

では、どうして二〇世紀初頭のシカゴにおいて、これほどまでに都市社会学がさかんに展開されるようになったのだろうか。それは、シカゴという都市がその当時の移動《モビリティ》の形態と密接に結びついていたからだ。一九世紀後半から二〇世紀前半にかけて、東欧や南欧から多くの移民が当時のシカゴに移動・流入してきた。当時、この移民の存在が、アメリカ社会に大きな衝撃を与えていたのである。

東欧や南欧からやってきた移民たちの中には、生活がままならずギャングになったり、非行に走ったりする人がたくさんでて、貧富の格差も拡大した。これらの都市問題を明らかにし、移民という「人びとの移動《モビリティ》」がアメリカ社会にもたらしたインパクトを捉えようとしたのが、「シカゴ学派」だったのである。

三　シカゴ学派からロサンゼルス学派へ

しかしながら二〇世紀後半になると、都市研究の中心は、シカゴからロサンゼルスへと移っていく。都市研究の拠点がシカゴからロサンゼルスへと、まさに「移動」したのである。なぜならば、シカゴで見られたものとは異なる移動《モビリティ》の形態がロサンゼルスという都市において巻き起こり、人びとに新たな経験や体験をもたらし始めたからだ。

ロサンゼルス（図8-3）は、東欧や南欧からの移民ではなくヒスパニック系の移民が多く移り住み、自動車という交通移動手段を前提にして形成され、IT企業をはじめ多くの多国籍企業がひしめき合う場所であった。人、モノ、資本、情報などの多種多様な移動《モビリティ》が都市のかたちを大きく変容させていったのである。そのなかでシカゴ学派が考えたような都市理論では、ロサンゼルスにおける都市の経験をうまく説明できなくなってきたのだ。

さらに人、モノ、資本、情報などの多種多様な移動《モビリティ》はゲーティッド・コミュニティも生みだしていき、それも新たな課題となっていた。ゲーティッド・コミュニティとは、周囲をゲートで囲い、住民以外の敷地内への出入りを制限した街のことである。ロサンゼルス市では富裕層たちが山の手に住み、このゲーティッド・コミュニティを形成していた。そしてヒスパニック系や「黒人」といわれるアフリカ系アメリカ人たちに多い貧困層の人びとと同じ都市にいながら、彼らから隔離して暮らすようになり、防犯を徹底しようとしたのである。人種間や階層間のセグリゲーション（居住地域分化現象）が、ゲーティッド・コミュニティによって起こっていったのだ。

その結果、ロサンゼルスでは富裕層の「白人」たちがゲーティッド・コミュニティ内部の高級住宅に暮らすようになるとともに、都市の中心部の地域がスラム化するインナーシティ現象も生じていっ

図8-3　ロサンゼルスの風景
（筆者撮影：2019年9月21日）

た。その地域で貧困にあえぎながら暮らすアフリカ系アメリカ人の若者たちが、みずからの文化的表現として発展させていったものが、ヒップホップ・カルチャーである。Ｎ・Ｗ・Ａというグループや、そのグループを脱退したDr. Dreなどは、ロサンゼルス周辺で育ったミュージシャンたちだ。彼らは西海岸を中心に音楽活動を開始しており、その一部にはドラッグ、暴力、犯罪などを煽りたてるような過激な歌詞をもったものが目立ったため、「ギャングスタ・ラップ」と呼ばれている。

マイク・デイヴィスという都市社会学者も、『要塞都市ＬＡ』という本の中で、ロサンゼルスを事例としてゲーティッド・コミュニティが人びとにもたらした社会の分断を論じている。その際デイヴィスは、ゲーティッド・コミュニティによって安心感は高まるどころか、逆にゲートを囲うことで社会の分断がすすみ、自分たちと異なる民族・階層に属する他者に対する不安やおそれが増幅されるのだと主張する。それはまるで城壁に囲まれた中世都市のごとく、他者を侵略者のように扱うことになるとデイヴィスは考え、ロサンゼルスという「近代」的都市が「再封建化」しているのだと述べる（デイヴィス 二〇〇八）。

ほかにエドワード・ソジャという研究者も、ロサンゼルスを事例にしながら都市の地理学を展開している。こうしてシカゴからロサンゼルスへと研究の対象を移した社会学者や地理学者は、次第に「ロサンゼルス学派」という流れをつくりだしていった。スコットとソジャが「シカゴ学派」を意識しつつ編集した *The city* は、この「ロサンゼルス学派」の集大成的な業績に位置づけられ得るものであるが、これにはマイク・デイヴィスや建築理論家のチャールズ・ジェンクスたちも寄稿している（Scott & Soja 1996）。

四　ツーリズムという移動《モビリティ》が都市にもたらすインパクト

しかしながら、ロサンゼルスという都市が社会にもたらしたインパクトを考えようとするなら、以上の考察だけではなお不十分である。ロサンゼルス郊外には、アナハイムという街があるが、この街のことを考えるとき、ツーリズムという移動《モビリティ》を無視して考えることは決してできないだろう。

ロサンゼルス郊外にあるアナハイムには、一九五五年に世界初のディズニーランドがつくられているが、この街はまさにディズニーランドというテーマパークによって大きくつくりかえられた場所なのである。テーマパークを中心に、ショッピングモール、レストラン、シネマコンプレックス、ホテル、さまざまなアトラクション施設などを構成要素《モジュール》として成り立っている都市のことを、社会学では「テーマパーク化する都市」というが、アナハイムはまさに「テーマパーク化する都市」といえる。

アナハイムという街を捉えるためには、ディズニーランドというテーマパークがどのように都市の特徴を変えていったのかを考える必要がある。ジョン・ハニガンという都市社会学者は、テーマパークが大きく影響を与えるような都市のことを「ファンタジー・シティ」と呼び、その特徴を六つ挙げる（Hannigan 1998）。

①テーマ性

「テーマ性」とは、都市がある統一したテーマのイメージのもとで作られているということを意味する。ロサンゼルスの中心地から、自動車で一時間三〇分ほど走ったところにアナハイムという街があるが、そこに到着すると、突然、ディズニーランド色に染め上げられた街が現れる。

②ブランド性

「ブランド性」とは、その場所がブランド化されていることを表す言葉である。つまり、その場所へ行ってきたというだけで、なにか楽しい経験をしてきたと思わせるような街が、都市のブランド性なのである。

③二四時間性

眠らない街となっているのが、「二四時間性」である。アナハイムへ行くと、ホテル、ショッピングモール、レストランなど、どこかが必ず二四時間営業をしている。

④モジュール性

ショッピングモール、レストラン、シネマコンプレックス、ホテル、さまざまなアトラクション施設などを「構成要素（モジュール）」としているのが、この都市の特徴である。

⑤孤立性

「孤立性」は、周囲の環境から隔絶していることを意味している。アナハイムという街は、その外部にある街と風景も街のつくりも明らかに違っているのである。

⑥虚構性

テーマパークの中をみれば一目瞭然であるが、ここではAR（拡張現実）やVR（仮想現実）などのバーチャルなテクノロジーを駆使して、現実と仮想の区別を曖昧にしていることがわかる。

その後、アナハイムを起点に、「ファンタジー・シティ」の特徴を備えた都市が、世界のいたるところでツーリズムという移動《モビリティ》と密接に関わりながら形成され始めるようになっている（堀野 二〇一四）。

五　「モビリティ3・0」時代の都市とツーリズム

そして現在、移動《モビリティ》は新たな段階に入りつつある。アンソニー・エリオットは、二〇世紀後半以降の移動《モビリティ》の形態を以下の三段階に分ける（エリオット 二〇二一）。

モビリティ1・0

これは、人、モノ、資本、情報、観念、技術等の移動が常態化するようになったグローバル社会が生成するようになった時代である。

モビリティ2・0

人、モノ、資本、情報、観念、技術等が移動する状況が常態化するようになったグローバル社会によって、私たちの生のありようが大きく変容し始めるのが、この時代である。この時代では、私たちの自我形成もスマートフォンなどを用いた情報の移動《モビリティ》などと切り離せないものとなる。また家族や人間関係、さらにライフスタイルも移動《モビリティ》に大きく規定されるようになる。

モビリティ3・0

これはＡＩやロボット工学など、デジタルテクノロジーがすすみ、それによって移動《モビリティ》のありようが、これらの技術と深く絡み合いながら進化＝深化をとげていく段階である。

エリオットは「モビリティ3・0」の段階における移動《モビリティ》を、とくに「アルゴリズミックな移動《モビリティ》」と呼ぶが[2]、この段階においてツーリズムもデジタルテクノロジーと密接に結びつき大きな変容をとげつつある。ＡＩやＡＲなどをはじめとしたデジタルテクノロジーが用いられ、現実世界と仮想世界を融合させるようなツーリズムが創出されるに至っているのである。その結果、ツーリズムは、都市、あるいは都市経験や都市体験のあり方を大きく変容させつつあるのだ。

［2］エリオットが「モビリティ3・0」という概念を提示したのは立命館大学人文科学研究所主催講演会（二〇一八年一〇月二四日開催）においてであり、「アルゴリズミックな移動《モビリティ》」という概念を提示したのは立命館大学人文科学研究所主催国際カンファレンス（二〇二三年三月二九日開催）においてである。

［3］https://www.club-t.com/sp/special/bus/wowride/（二〇二三年五月二九日最終確認）

たとえば、いくつかの企業では、観光施設向け「多言語ＡＩチャットボット」が開発されている。観光客は、スマートフォン・アプリにおいて話しかけたり、文字を打ち込んだりしながらＡＩとコミュニケーションを行う。そうすることでこのシステムを導入しているホテルについて、観光客は、チャットボット（自動会話プログラム）を通じて、チェックインとチェックアウト時間、ホテルまでのアクセス情報、部屋内のネット環境、アメニティの内容等のホテル情報を得たり、宿泊を予約したり、モーニングコールを設定したり、宿泊している部屋の清掃を依頼したりできるのである。しかも、それは二四時間休みなく、日本語だけではなく英語、中国語、韓国語等の多言語にも対応できるものとなっている。

他にも、ＡＩを搭載したヒューマノイドロボットが多言語で道案内をしてくれる観光施設、それらロボットが相席して会話に応じてくれるだけでなく占いやミニゲームで遊んでくれたり（ときには踊ってくれたり）するカフェもあるし、それらロボットがフロント係やコンシェルジュとして働いているホテルもあり、そこに宿泊することによっても、一つの都市体験が形づくられる。

新型コロナウイルス感染症（COVID-19）の流行以後の Zoom 旅なども、ツーリズムがデジタルテクノロジーと結びつき都市の体験を変容させている事例といえる。たとえば琴平バス株式会社が提供する「コトバスオンラインバスツアー」では、Zoom 上で地域の名所をめぐるのだが、事前にご当地弁当、旅のしおり、シートベルトなどが送られてくる。そしてバスガイドの合図で、参加者がオンライン上にいながら送られてきたシートベルトをそろってしめ、ご当地弁当を同じ時間に食べ、旅の経験を共有していこうとする。

図 8-4　WOW RIDE [3]

また「WOW　RIDE」というバスツアーもそうだ（図8-4）。「WOW　RIDE」というバスツアーで用いられるバスの窓は、「透過有機ELディスプレイ」であり、バスツアーでは「車窓」から実際のリアルな風景を眺めることはもちろん、VRやARの映像によって、突如怪獣が出てきたり、昔の風景が重なり合ってきたりする。そうしてバス全体がテーマパークのアトラクションのようになるのである。

都市や、その都市を舞台とする経験のあり方は、ツーリズムとデジタルテクノロジーが密接に絡まり合い同時に進展していくなかで、新たなものへと変容し始めている。まさに都市の現在形は、ツーリズムという移動《モビリティ》とデジタルテクノロジーが融合し合う「ツーリズム＝デジタルテクノロジーのアーキテクチャー」の考察を通してはじめて適切に理解できるものになっているのである。

【引用・参考文献】

アーリ、J／吉原直樹［監訳］（二〇〇六）『社会を越える社会学――移動・環境・シチズンシップ』法政大学出版局（Urry, J. (2000) *Sociology beyond societies: Mobilities for the twenty-first century*. Routledge.）

アンダーソン、N／広田康生［訳］（上一九九九、下二〇〇〇）『ホーボー――ホームレスの人たちの社会学』広田康生訳、ハーベスト社（Anderson, N. (1923) *The hobo: The sociology of homeless men*. The University of Chicago Press.）

エリオット、A・アーリ、J／遠藤英樹［監訳］（二〇一六）『モバイル・ライブズ――「移動」が社会を変える』ミネルヴァ書房（Elliott, A., & Urry, J. (2010) *Mobile lives*. Routledge.）

エリオット、A／遠藤英樹・須藤廣・高岡文章・濱野健［訳］（二〇二二）『デジタル革命の社会学――AIがもたらす日常世界のユートピアとディストピア』明石書店（Elliott, A. (2019) *The culture of AI: Everyday life and the digital revolution*. Routledge.）

加藤政洋・大城直樹［編著］（二〇〇六）『都市空間の地理学』ミネルヴァ書房

ゴッフマン、E／丸木恵祐・本名信行［訳］（一九八〇）『集まりの構造――新しい日常行動論を求めて』誠心書房（Goffman, E. (1963) *Behavior in public places: Notes on the social organization of gatherings*. The Free Press of Glencoe.）

佐藤俊樹（二〇一一）『社会学の方法——その歴史と構造』ミネルヴァ書房
ジンメル、G／酒田健一・熊沢義宣・杉野正・居安正訳（1994）「大都市と精神生活」『橋と扉』白水社、二六九—二八五頁
ゾーボー、H、W／吉原直樹・桑原司・奥田憲昭・高橋早苗［訳］（一九九七）『ゴールド・コーストとスラム』ハーベスト社（Zorbaugh, H. W.（1929）*The Gold Coast and the slum*. The University of Chicago Press.）
デイヴィス、M／村山敏勝・日比野啓［訳］（二〇〇八）『〈増補新版〉要塞都市ＬＡ』青土社（Davis, M.（1990）*City of quartz: Excavating the future in Los Angeles*. Verso.）
中筋直哉・五十嵐泰正［編著］（二〇一三）『よくわかる都市社会学』ミネルヴァ書房
堀野正人（二〇一四）「アーバンツーリズム」大橋昭一・橋本和也・遠藤英樹・神田孝治［編］『観光学ガイドブック——新しい知的領野への旅立ち』ナカニシヤ出版：一九六–一九九頁
Endo, H. ed.（2021）*Understanding tourism mobilities in Japan*. Routledge.
Hannigan, J.（1998）*Fantasy city: Pleasure and profit in the postmodern metropolis*. Routledge.
Park R.E., & Burgess E. W. eds.（1925）*The city: Suggestions for investigation of human behavior in the urban environment*. The University of Chicago Press.
Scott. A. J., & Soja. E. W. eds.（1996）*The city: Los Angeles and urban theory at the end of the twentieth century*. The University of California Press.

第九章　デジタル地図と都市とツーリズム

都市から位置へ、位置から都市へ

松岡慧祐

一　はじめに

都市の情報を生み出す装置として、テレビ、映画、小説、音楽、雑誌、広告、そしてインターネットなどのメディアがある。私たちが抱く都市のイメージは、これらのメディアから得た情報や自身の経験を切り貼りしたコラージュのようなものとして存在しているといえるだろう。そして、そのようなコラージュとしての都市のイメージに「輪郭」を与えうるのが、地図である。地図は、都市を全体として見わたすことを可能にする唯一のメディアであり、それゆえ、さまざまなメディアが発信する都市の情報をつなぎ合わせ、平面上にまとめて位置づけることができる。

では、デジタル化した地図が普及した現在、地図と都市は、どのような関係を結んでいるのだろうか。本章では、この問いについて、都市におけるツーリズム（観光）という観点をまじえながら考察していきたい。なぜなら、都市観光[1]においては、ただ名所を見るだけでなく、グルメやショッピング、エンターテインメントなど、多様なアトラクションがツーリストの経験を形作るが、そのための情報の生産と選択には、地図をはじめとした観光情報のメディアが重要な役割を果たすからである。

しかし、Googleマップに代表されるデジタル地図アプリが普及したことによって、紙媒体の観光マップは決して必要不可欠なものとはいえなくなっている。いまや紙媒体のガイドブックもガイドマップも一切使わずに、Instagramのような SNS と地図アプリから得る情報だけで旅行を完結させることも可能になっているのである。このような状況の中で、都市観光における地図のあり方はどのように変化しているのだろうか。

二　デジタル地図は「都市」を表象しているか

二-一　観光対象・ルートの構築

ディーン・マキャーネル（二〇一二）が「マーカー」という概念を用いて説明したように、何が観光の対象で、それらがどのようなルートで結ばれるかも、やはりメディアの情報《マーカー》にもとづいて構築《マーク》される部分が大きいが、[2] ツーリストの具体的な行動や身体移動は、最終的には地図に表示される情報に準拠することになる。

たとえば、特別な観光資源がないと思われていた地域であっても、資源が再発見され、それらを観光対象として記号化したマップが作られれば、人びとはその地域をマップに沿って散策するようになる可能性がある。都市では、近年流行している「映えスポット」や「エモい、あるいはレトロなスポット」に象徴されるように、さまざまな観光対象・ルートがどこにでも新たに構築され得るため、地図もその構築プロセスの中に組み込まれるようになっている。

二-二　自己中心的な地図

しかし近年は、Google や Apple の地図アプリ、そして Instagram が、日常生活と地続きに、観光においても主な情報源になっている。最も典型的なのは、まず Instagram のハッシュタグ機能を用いて「#奈良観光」などと検索し、魅力的な画像から目的地を選び出し、詳細な位置と経路をグーグルマップで調べるという使い方である。つまり、Instagramは一般のユーザーの投稿、すなわち口コミによって成り立っているとはいえ、それが従来の観光ガイドブックに代わって「おすすめの観光スポット」のマニュアルとなり、デジタル地図はInstagramで選ばれたスポットへのナビゲーションに特化した機能を果たすということである。観光地のイメージ形成や観光対象・ルートの構築は、決して地図だけでなされるものではないが、一方で、ナビゲーションに関しては、地図にしか果たせない機能だといえるだろう。

そして、このようなナビゲーション機能は、地図のデジタル化に伴って著しく発達した。GPSによって個人の居場所（現在地）が常にピンポイントで割り出され、地図上に自動的に表示されるようになったのである。これによって、従来のように現在地や目的地をみつけるために地図を「見わたす」という作業は必須ではなくなり、自分の居場所を中心に、点（現在地）と点（目的地）を線（経路）でつなぐだけの自己中心的な地図利用（エゴセントリック・マッピング（有川 二〇〇八））が可能になったのである。

二‐三　断片的な「いま・ここ」のシークエンス

こうしたナビゲーションのために地図が使われるとき、その地図は「都市」を表象してはいない。そこに映し出さ

[1] 堀野正人（二〇一一）によれば、狭義の「都市観光」は、一九八〇年代以降の大都市の再開発を契機に顕在化してきたものであり、ウォーターフロントに建設された巨大な複合商業施設を典型として、資本が消費のためのさまざまな演出を都市空間に施し、その空間を商品化・観光化していく現象として捉えられる。ただし、本章では、大都市であれ地方都市であれ、消費の場が中心を占める都市を対象とした観光形態として、「都市観光」を広義に捉えることとする。

[2] ただし、ルート観光論を提唱した高岡文章（二〇一四）は、ルートをつくるものとして、メディア以外にも交通、旅行産業、政策などを挙げ、観光ルートをつくりだす要素は無数にあると述べている。

れるのは、断片的な「いま・ここ」のシークエンスである。それでも文字通り「目的地」に到達するという「目的」は達成されるため、「都市」の地理的な知識は希薄なままでも、観光は順調に進行していくことになる。従来であれば、道に迷わないように、事前に、または現地で、地図を見わたして位置関係や経路を確認する過程を通じて、地理的知識が蓄積され、都市のイメージの輪郭が形作られていただろう。しかし、ＧＰＳによるナビゲーションの発達は、そのような過程を省略し、輪郭の曖昧な都市を旅することを可能にした。

また、近年はZenly[3]に代表されるように、ＧＰＳで互いの位置情報を共有するアプリが若者の間で人気を博したことから、人びとの関心は「都市」よりも「位置」に向いているといえる。それは、デジタル地図から展開する「ポケモンＧＯ」や「ドラクエウォーク」のようなＡＲゲームにおいても、「ウーバー」や「ウーバーイーツ」などの配車・配達アプリにおいても同様である。そこで重要なのは、「どんな街か」ではなく「どこにいるか」である。このことは、渋谷に象徴されるように固有の記号的イメージを喪失し、「情報アーカイブ」にすぎなくなった脱舞台的な都市（北田二〇〇二）における空間認識のありようを端的に表しているといえるだろう。

三　「ナビ」と「データベース」

三-一　ＳＮＳと都市の若者文化

ただし現在でも、さまざまなメディアを介して、都市に関する情報を得る機会は少なくないだろう。むしろ急速に拡大してきたＳＮＳの情報空間には、何らかの都市空間を背景とした情報があふれている。

例えば、Instagramには都市空間で撮影された写真が投稿され、その場所がタグ付けされることが多い。また、東京都心の港区において、リッチで華やかな生活を送るとされる「港区女子」という流行語は、ＳＮＳでのセルフ・ブランディングと「港区」というブランド化された都市空間の結びつきから生まれてきたものである。さらに、歌舞伎町のＴＯＨＯシネマズ周辺や道頓堀のグリコの看板の下に集まる若者たちの居場所が「トー横」「グリ下」として広く知られるようになったのも、やはりＳＮＳからである。あるいは、「渋谷ハロウィン」には行ったことがない地方の若者たちでも、その様子をＳＮＳで目の当たりにすることで、それを既知の出来事としている。

このように、ＳＮＳが普及した現在でも、ヴァーチャルな情報空間と融合するかたちで、特定の都市空間を背景に若者文化が創造され、認知されるようになっている。

三‐二　知識・表現としての地図／道具としての地図

しかし、こうしたＳＮＳから得られるのは、都市の断片的な情報にすぎない。そこから都市ごとの抽象的な記号を読み取ることはできるが、デジタル地図がナビゲーションとして使われるものにすぎないのだとしたら、こうした断片的な情報が地図として平面上に集約され、地理的な知識として関連づけられる可能性は小さくなる。現代では物理的なランドマーク（目印）に代わって、たとえば「ご当地キャラ」などの記号的な表象が都市や地域のイメージを構成するようになっている（松本 二〇一五：七〇）ともいわれるが、その場合、都市のイメージはもはや地図のような形を成していないということになる。

地図には「知識」や「表現」としての側面があり、それが都市空間や観光空間のイメージを形成するが、他方で、地図は道案内のための目的合理的な「道具」にもなる。それはデジタル化によって「ナビ」と称されるようになり、都市におけるモビリティの高まりにも呼応するように、その利便性を飛躍的に高めた。こうした「道具としての地図」の究極形として、最近は、地図が読めない人向けのナビアプリ「Waaaay!」を利用する若者もいる。これは、地図ではなく大きなコンパスが画面に表示され、自分の身体の向きに合わせて、目的地までの方向と距離だけを示してく

［3］Zenly は二〇二三年二月にサービスを終了したが、類似のサービスは他にも複数ある。

れるというものである。また、Googleマップでは、スマートフォンのカメラを現実の風景にかざすと目的地への進行方向が表示されるARナビ「ライブビュー」が提供されるようになった。つまり、これらのサービスでは地図を見る必要が一切ないため、ナビゲーションのみを目的とするのであれば、もはや地図は不要になってきているのである。

三-三　データベースが描く平板な空間像

デジタル地図では空間がシームレスにつながっており、「都市」や「地域」という単位に分節して表象するという発想では描画されていない。そのため、デジタル地図の画面には「広がり」も「まとまり」もない空間が表示されることになる。それは、都市のイメージではなく、いわば断片的なデータの集積にすぎない。

デジタル地図は、表層的には「地図」というインターフェースを提供しているが、その内部には世界中の大量のデータが格納されており、その中からユーザーは断片的なデータを抜き出すようにして検索をかける。その意味で、デジタル地図は、個々のユーザーがそのつど必要な情報を検索するための「データベース」なのであり、特定の場所イメージをデザインするものではない。観光マップではイラストなどを用いて、ある場所を対象化し、観光空間として演出するためのデザインが施され、例えば「レトロなまち」といった何らかのテーマが与えられる場合もあるが、デジタル地図の平板な空間像からは、そのような場所性を読み取ることは難しい。

四　デジタル地図で作る観光

四-一　地図表現のテクノロジー

ただし、Googleマップには、近年になって大都市のランドマークや主要な観光名所（城、寺社、博物館、タワー、スタジアムなど）のイラストや画像のアイコンが表示されるようになった。これは観光マップのような表現をデジタル地図にも付加しようとする試みとして解釈できる。しかし、これらのアイコンは縮尺によって表示されるものとされないものがあることに加え、どのような基準でアイコンが適用されているかも不明である。たとえば、大阪市役所にはアイコンが適用されているが、その隣にある近代建築として有名な大阪府立中之島図書館や中央公会堂には適用されていない。また、Googleマップでは、基本的に街区はグレーで色づけされているのに対し、商業施設はベージュで色分けされており、縮尺を下げてズームアウトした際には、商業施設が多いエリアが、やはりベージュで強調される。これに関しては、人間ではなくアルゴリズムによる機械判定によって行われているという。さらに、COVID-19のパンデミックを契機に、「密」を回避できるよう、各ユーザーの位置情報に基づいて繁華街の混雑エリアがリアルタイムで判定され、地図上に表示されるようになった。

今後は人工知能の発達によって、こうしたテクノロジーによる地図表現が進展し、地図は人間ではなくＡＩが描くものになっていくだろう。それによって、観光用のイラストマップをデジタルで自動生成することも可能になるはずである。しかし、筆者の担当する授業の受講生が書いたコメントの一部に次のようなものがある。「旅行先であれば、なんとなく観光地の気分を味わうために、Googleマップより現地の観光マップを使っている」。このことは、今のところ人間によってデザインされた観光マップが、旅行に際して「都市」や「地域」を解読するためのメタテクスト[4]として必要とされていることを示唆している。

［4］都市記号論において、都市は「集合的な言説活動や記号的実践を通じて生起する空間的広がり」として、すなわち「解読されるテクスト」として捉えられ、そのような都市についてのメタレベルの言説（メタテクスト）として、メディアやコンテンツがあるとされる（吉見 二〇一六：三九五）。

四-二　デジタル地図と流動的な観光行動

それでも、施設やスポットの情報をユーザーが登録でき、写真や口コミも投稿できるGoogleマップには、今や都市の大半の情報が蓄積されるようになっている。史跡・旧跡などの情報も充実しており、一般的な観光マップには載っていないような歴史・文化資源をみつけることもできる。シームレスで精細なマップとＧＰＳによるナビゲーションを活用すれば、路地裏に入ってみる、繁華街の外に出てみるといった場当たり的な行動も容易になる。ルートを外れても必ずＧＰＳによって軌道修正できるという安心感をもたらすデジタル地図は、観光のプランにそのつど変更やアレンジを加える流動的な観光行動を可能にした。

このように、観光マップは、そこに描かれた範囲・ルートで旅をするように指南する「観光のマニュアル」であり、「都市のメタテクスト」でもあり得るのに対し、デジタル地図は、膨大な情報の中からユーザーが観光対象・ルートを選ぶ「位置情報のデータベース」として、観光における個人の選択の幅を広げているといえる。

四-三　マーカーの再生産

とりわけ都市観光においては、もともと情報が多い上に、ＳＮＳやGoogleマップがその選択肢をさらに増やした。そこで、Googleマップのユーザーは、「行ってみたい」場所や「お気に入り」の場所にピンを立て、保存するという機能を用いる。これによって、地図をカスタマイズし、まさに「マーカー」を再生産することによって、自分専用の観光マップを上書きすることができるようになっている。近年、Instagramにも現在地周辺の地図を表示できる機能が追加され、人気の投稿がある場所にはサムネイル画像が表示されるが、Googleマップと同様に、選択した場所を保存し、常に自分の地図上に表示させておくことができる機能がある。こうした機能が一般化したのは、それだけＳＮＳにもデジタル地図にも情報が氾濫しており、それを自分に合わせて整理する必要性が高まってきたからだろう。

前述のように、近年はInstagramがガイドブックに取って代わる形で観光の主要な情報源になったが、そのなかでデジタル地図は、単にInstagramでみつけた場所へのナビゲーションとして利用されるだけでなく、ＳＮＳに浮遊する情報を地理的空間の上にマッピングし直すための「座標」としても機能するようになっている。また、Googleマップでは、まるで音楽のプレイリストのように、「京阪神のカフェ」「奈良のお寺」といったオリジナルのリストに分けて場所を保存することができる機能もあるが、これによって地図情報を多層的に整理することも可能になる。

四-四　位置をつなぐ観光のストーリーライン

このようにデジタル地図にユーザーが自らピンを立て、「サイト」を「マーク」し、位置の情報を集めることで、都市のイメージは再構築されていく。つまり、デジタル地図における都市の表象は所与のものではなく、ユーザーが地図を編集し、それをもとに位置をつなぎながら旅する過程を通じて浮かび上がってくる可能性があるということだ。ただし、ただピンを立てるだけであれば、それらは相互に関連のない断片的なスポットの集積にすぎないだろう。しかし、観光という営みが、それぞれの位置を関連づけ、ストーリーラインを与えることで、都市のイメージ形成の素材を生み出す。それは、機械的なデジタル地図からも、観光の経験を通じて、新たな物語が見出されるようになるということである。

山口によれば、フリープランのスケルトン・ツアーと都市型消費情報を提供するガイドブックの普及によって、「二〇〇〇年代の若者にとっての海外旅行は、店頭や広告の商品から「選ぶ」ものであり、素材を集めて自作するものではなくなった」（山口 二〇一〇：二一七）という。しかし現在は、ＳＮＳとデジタル地図の普及によって、観光を「自作」できる可能性は高まっているといえる。海外旅

図9-1　行きたい場所にピンを立てて保存したGoogle マップ

行であれ国内旅行であれ、現在の観光も依然として、ＳＮＳやデジタル地図から、またはガイドブックや観光マップから、情報を「選ぶ」ことで成り立っている。しかし、定番の情報からマニアックな情報まで膨大な情報のあるＳＮＳやデジタル地図が加わったことで、「選ぶ」か「自作する」かの二者択一ではなく、さまざまなメディアから情報をそのつど選びながら、それらを自分なりに組み合わせて作ることが可能になった。特に都市観光は、より多様な情報や記号の組み合わせによって自作されるものになっているといえるだろう。それをかつて秋山綾（二〇〇五）は「データベース消費的な観光」と呼び、堀野正人（二〇一〇）も観光情報を均質的に平板化して表示する「観光メディアのカタログ化」または「都市観光の情報のデータベース化」と指摘した。ただし、その時点ではまだガイドブックが主な観光メディアとして想定されていたが、それがＳＮＳとデジタル地図に移行したことで、データベースにおける情報の量もヴァリエーションも当時とは比べものにならないほどに増大し、その選択と組み合わせが個人に委ねられるようになったのである。

五　おわりに

現在も、広告やガイドブック、または映画やドラマといったマスメディアのコンテンツに描かれ、演出された都市のイメージが消失したわけではない。しかし、それよりも前景化しているのは、Instagram の画像、そして Google マップや Instagram 内の地図で取得される具体的な「位置」の情報である。また、そうしたデジタル地図から観光対象の口コミや画像、ウェブサイトにアクセスすることもできる。こうしたハイブリッドで多重的なメディア利用は、これまでの観光と都市イメージをともに再編する可能性がある。デジタル地図そのものには、都市へのまなざしを断片化させたり、都市のイメージを脱色したりする作用があるが、他のメディアと結びつき、観光に用いられ、「位置」の情報が集約されることによって、新たな文脈で都市を経験したり、イメージしたりする装置にもなり得るのである。

紙の地図とデジタル地図が共存し、そしてＳＮＳにも地図が組み込まれ、さらにデジタル地図に都市と観光の情報が格納されるようになった現在、地図をそれのみではなく、多様なメディア・テクノロジー、空間、人間の営みとの錯綜した関係のなかで捉え直す視点が必要になっている。

【引用・参考文献】

秋山綾（二〇〇四）「データベース消費時代の「観光」を考える。」『City & Life』七一：三四-三七

有川正俊（二〇〇八）「エゴセントリック・マッピング」村越真・若林芳樹［編著］『ＧＩＳと空間認知―進化する地図の科学』古今書院：四三-五七頁

北田暁大（二〇〇二）『広告都市・東京――その誕生と死』廣済堂出版

高岡文章（二〇一四）「観光とメディアとルート――ルート観光論へ向けて」『観光学評論』二（一）：二九-四一

堀野正人（二〇一〇）「観光の都市空間の創出と解読――港横浜、東京ディズニーランドなどを事例に」遠藤英樹・堀野正人［編著］『観光社会学のアクチュアリティ』晃洋書房：六〇-八〇頁

堀野正人（二〇一一）「都市観光」安村克己・堀野正人・遠藤英樹・寺岡伸悟［編著］『よくわかる観光社会学』ミネルヴァ書房：四二-四三頁

マキャーネル、Ｄ／安村克己・須藤廣・高橋雄一郎・堀野正人・遠藤英樹・寺岡伸悟［訳］（二〇一二）『ザ・ツーリスト――高度近代社会の構造分析』学文社（MacCannell, D. (1999) *The tourist: A new theory of the leisure class.* University of California Press.）

松本健太郎（二〇一五）「デジタル・イメージを遊歩するまなざし――Google ストリートビューにおける写真的現実の歪み」遠藤英樹・松本健太郎［編著］『空間とメディア――場所の記憶・移動・リアリティ』ナカニシヤ出版：六三-八〇頁

山口誠（二〇一〇）『ニッポンの海外旅行――若者と観光メディアの50年史』筑摩書房

吉見俊哉（二〇一六）『視覚都市の地政学――まなざしとしての近代』岩波書店

第十章　メタ観光とメディア

集める・蓄える・編集する・表現することで都市を見つめ直す

真鍋陸太郎

一　はじめに

「メタ観光」という言葉を初めて聞く方は多いだろう。観光に関するこの新しい概念および実践は、筆者も理事の一人を務める二〇二一年に設立された一般社団法人メタ観光推進機構（以下、機構）によるものである。機構のホームページにはメタ観光の定義を「ＧＰＳおよびＧＩＳにより位置情報を活用し、ある場所が本来有していた歴史的・文化的文脈に加え、複数のメタレベル情報をＩＣＴにより付与することで、多層的な観光的価値や魅力を一体的に運用する観光」と定めている。この定義は学術的に厳格なものではなく、要素として、（１）ＧＰＳ（全地球測位システム）やＧＩＳ（地理情報システム）といった技術によって位置を参照すること、（２）ある場所の「複数のメタレベル情報」を対象とすること、その際に（３）ＩＣＴを活用すること、その上で（４）多層的な観光的価値や魅力を一体的に運用すること、などを含んでいることが重要である。

メタ観光は主として都市の多様な事象や文化を対象とし、メタ観光自体がメディアとして機能する。本章では、メタ観光の概念・技術・実践を整理して、都市と文化およびメディアとの関係を論じたい。

二　メタ観光の可能性

二-一　複数のメタレベルで捉える

メタ観光の考え方について具体的な例をあげて示したい。神田須田町にある老舗和菓子屋「竹むら」を例とする。

竹むらは揚げ饅頭が有名な和菓子屋で、夏にはかき氷やあっさりとしたトコロテンも楽しめる。しかし、メタ観光のための情報はそれだけではない。竹むらには和菓子屋という以外に次のようなメタレベルの事象が存在する。一九七七年には池波正太郎氏のエッセイ『散歩の時に何か食べたくなって』に登場、二〇〇〇年には東京都選定歴史的建造物に選定され、二〇〇五年の『仮面ライダー響鬼』では「甘味処たちばな」のロケ地となり、二〇一三年にアニメ『ラブライブ』の高坂穂乃果の実家「和菓子屋穂むら」のモデルとなっている。さらに、二〇一六年に登場したポケモンGOのポケモンも、ポケストップとなった、この「竹むら」に現れる。これが竹むらという場所を「複数のメタレベル情報」で捉えるということで、つまりはこれがメタ観光の考え方だ。

二-二　メタ観光につながる三つの学術的先例

メタ観光推進機構のロゴは、メタ観光の概念を表現したものである。ロゴを分解してみるとメタ観光の可能性を捉えるための三つの視点がみえて

図10-1　竹むらをメタ観光で捉える [1]

くる。一つ目は「レイヤーとして捉える」こと、二つ目はレイヤーを「コンテンツ化していく」こと、そして三つ目は「その「場」でつらぬく」ことである（図10-2）。メタ観光は新しい観光の考え方ではあるが、この三つの捉え方は既知の概念でもある。

都市をレイヤーとして捉える方法は都市づくりでは一般的だ。たとえばランドスケープアーキテクトであるI・L・マクハーグは都市を物的環境や社会的環境といった要素別に捉えて層としてみていく方法を示している（マクハーグ 一九九四）。他方、地理学者のM・F・グッドチャイルドは市民がセンサーとして活躍すること、それらがボランタリーな地理情報を生み出すことを論じている（Goodchild 2007）。こうした議論は都市のさまざまな要素がレイヤーとなってコンテンツ化されるさまを描いているといえる。また、筆者は二〇〇三年に「カキコまっぷ」というインターネットに書き込める地図システムを開発した（真鍋ほか 二〇〇三）。これは、「場所をインデックスとした掲示板」として捉えることができ、またいくつかの要素を「場」でつらぬくことで空間に関する、より高度な解を得ようとするものであった。

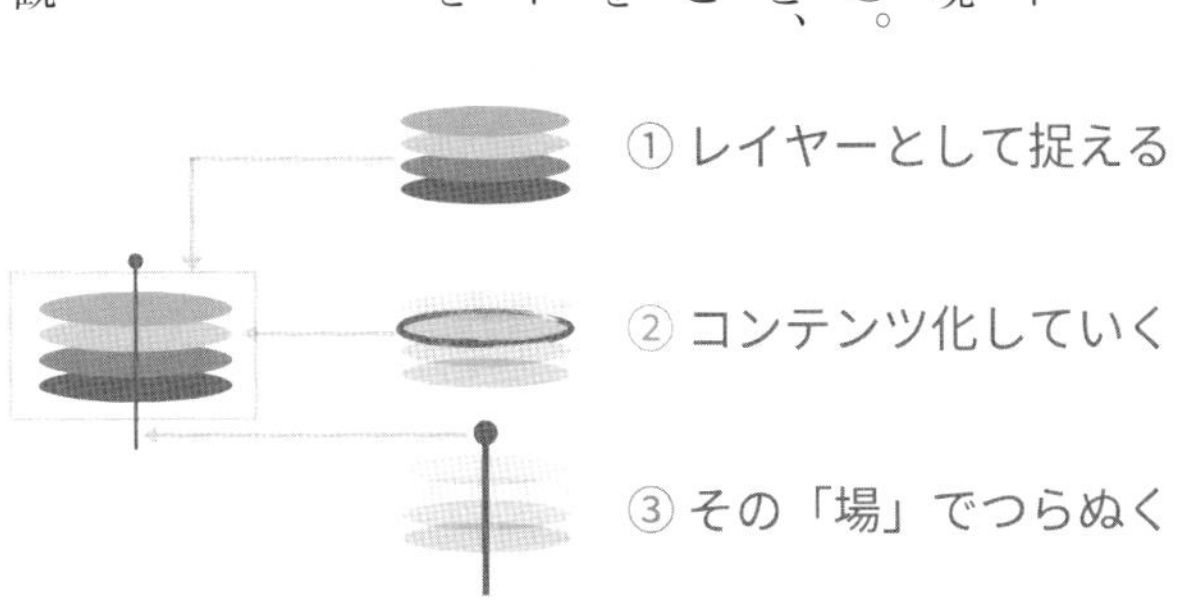

図10-2　メタ観光推進機構ロゴの分解

二-三　メタ観光のレイヤー

レイヤー要素、すなわちメタ観光が対象とする都市要素の「カテゴリ」はメタ観

［1］図10-1で引用した写真の出典は下記の通りである。「竹むらの外観（2009.9.27）」by 江戸村のとくぞう Edomura no Tokuzo, CC BY-SA 3.0, via Wikimedia Commons, https://ja.wikipedia.org/wiki/竹むら

光を成立させる上で非常に大切な考え方である。ここで、メタ観光のレイヤーについて、どのようなものがあるか提示したい。レイヤーは、対象となる地域によって異なり、また常にアップデートされるものであるが、ここでは現段階で考えうる五つのレイヤーを示す。

一つ目は「既存の観光要素」である。名所・旧跡やグルメなどの一般的な観光要素のことで、少し思考を膨らませるとサウンドスケープや環境音楽、ＩＣＴの力を借りると季節限定の観光要素を通年のものにするといった拡張も考えられる。二つ目は「これまでは観光要素と捉えられなかった地域要素」だ。微地形、昭和レトロ、フォント、電線、トマソン（「超芸術」とも呼ばれるまちに保存されている無用物）など、こだわりのある人が知っているまちの資源・価値、都市計画やまちづくりで広く扱われてきた地域の人こそが知っているまちの資源・価値などがこれにあたる。三つ目は「創作から実空間へつながる要素」である。これは、美術作品や聖地巡礼、コンテンツツーリズムにみられる「創作」から実空間へつながるもので、仮想・創造世界と実空間とをつなぐレイヤーといえる。浮世絵や現代アートに描かれている場所もこれに該当する。若かりし頃の筆者が椎名林檎の「正しい街」の歌詞に出てくる風景を求めて福岡をめぐったのは、椎名林檎レイヤーを体験したことになるだろうか。四つ目は「バーチャルな世界で生成される要素」。「位置ゲー」などによって市街地にゲームを埋め込むというレイヤーにはじまり、インターネット上に多様に展開されるテキストによるコミュニケーションの様子もこれにあたると考える。最後に五つ目は「（新しい）体験価値」レイヤーとした。たとえば、いま自分がいるその場をドローンから見ることができたり、目の前が八〇〇年前の古戦場として再現されたりといった新しい体験価値を示す。

三　メタ観光と技術

三-一　メタ観光の「情報」の流れ

機構の牧野友衛代表理事は「観光とは情報の消費」であると論じている。メタ観光は都市のさまざまな事象を複層に位置づけられる情報として捉え、それらを消費する行動であるといえる。筆者は二〇一五年ごろに「都市の情報流」というモデルを提案した（Manabe 2015）。都市の情報を「流れ」として捉えることで、いくつかの場面・技術的ファクターとして整理できることを示したものである。観光が「情報の消費」であるなら、観光を「都市の情報流」の中で位置づけることができる。このモデルのなかから四つのステップ、収集、蓄積、編集、表現を取り上げ、それぞれのステップごとにメタ観光に関係すると考えられる技術を整理していきたい。

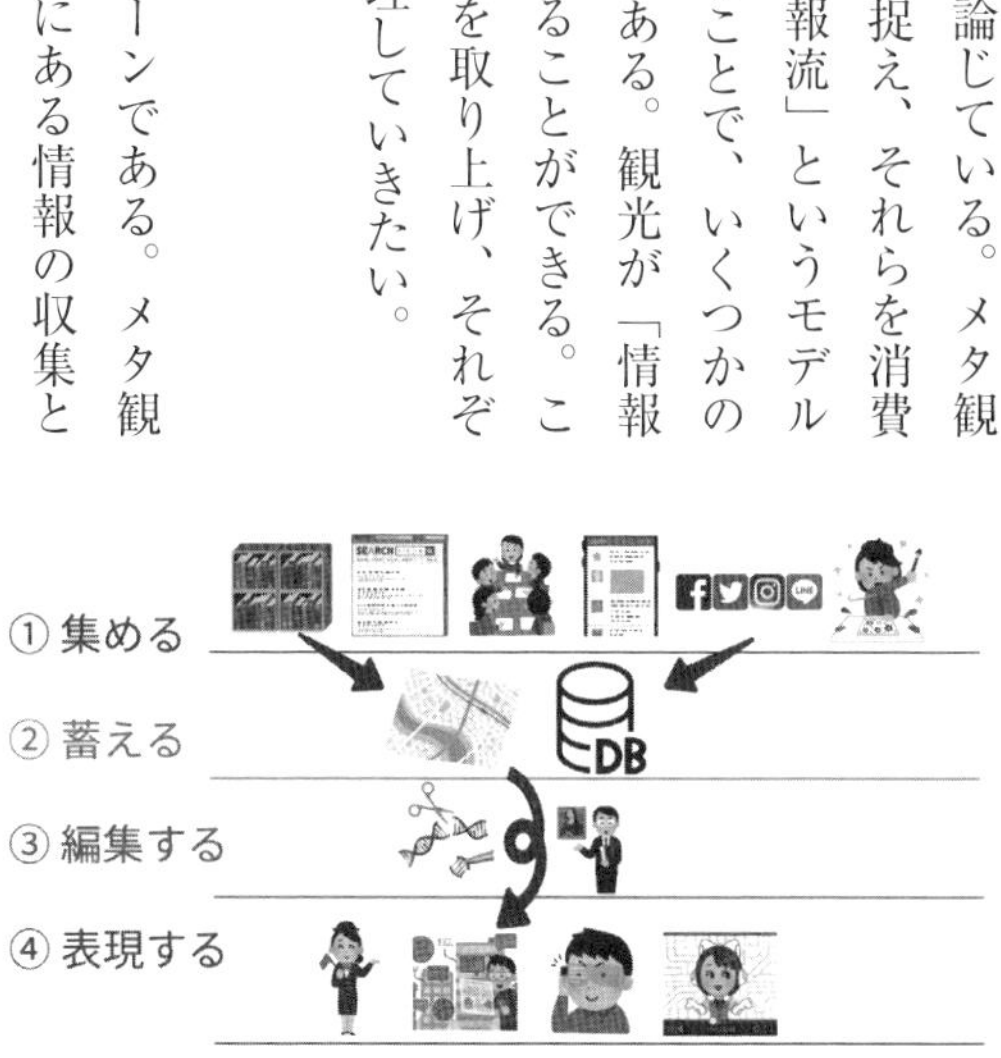

図 10-3　メタ観光シーン

三-二　情報（観光資源）を集める

一つ目のステップは、メタ観光の対象となる情報を集めるシーンである。メタ観光では、メタ観光資源として捉え直すということも含めて、既にある情報の収集と新しい情報の創造が「集める」シーンとして考えられる。

紙面に印刷されたものも含んだどちらかというと整理されていない既存の情報、インターネットなどに既に整理され公開されている情報、ネット社会で生まれてきたコンテンツ、個人のＳＮＳ発信などが対象となる情報だ。これらに対して、非電子化データを電子化したり、ウェブサイトの自動巡回プログラムを使ってネット資源からクローリング・スクレイピングすることで情報を収集・抽出したり、その際に適切な形でのデータ抽出・テキスト置換・データ（形式）の変換をする、などの技術が関係する。

一方で、新しい情報の創造については、ブラタモリでタモリさんがこだわることによって微地形というどこにでもある要素が広く一般に新しい観光要素として認識されたように、専門家・マニア視点による街の捉え直しや、地域に暮らす人々による資源の蓄積（例：地域の思い出、今昔写真など）、さらにはアーティストによる地域を題材とした絵画や写真などの創作が挙げられる。ここでは、地域を捉える柔軟な視点・技術（街を把握する技術）、さらには情報を引き出すためのワークショップの手法・技術などが必要となる。

参考となる学術研究としては、たとえば、佐藤圭らは、SNS上のユーザに対して能動的に情報収集を行うソーシャルセンシングを用いることにより、受動的なクローリングでは取得することのできない地域密着イベント情報の抽出を行っている（佐藤ほか 二〇一七）。また、筆者は簡易デジタル・ストーリーテリング手法である「テレフォノスコープ」を開発し活用している（真鍋ほか 二〇二〇）。

三-三　情報を蓄える

次に、メタ観光の情報を蓄えて、広くアクセスを可能とするステップについて述べる。主として「メタ観光マップ」を作成することを意識したい。

ある地点に関する情報（POI：Point Of Interest）が蓄積された電子地図では、情報が蓄積されるデータベースとその情報を表現する地図の技術が重要となる。メタデータの仕様、メタ観光情報として整理する際のカテゴリ（＝レイヤー）、タグという概念での関係性の整理、他のサービスとの連携も考慮したオープンデータ化についての議論などがある。

地図として表現する際に、メタ観光マップは一般的にすべての人がアクセスできるような地図型データベースとなっている。メタ観光の特徴はいくつものレイヤー・対象が重なっていることであるが、二次元の地図で重なりを表現することは古くからの課題となっており、あえて重なっていることを「主張」する表示・可視化方法を考えなくてはならない。多くのメタ観光情報が表示されたメタ観光マップから「お気に入り」を選定・保存するような方法を用意する必要もある。

一方で、社会技術としてメタ観光マップの公共性を論じる必要もある。誰が、どこに、作るものなのか、それは編集権をもったさまざまな人びとによって運営されるＷｉｋｉのようなユーザコミュニティによる情報蓄積なのか、行政はどのように関わってくるのか、などの検討が必要である。

関連する学術研究を一つ取り上げる。オープンデータ活用のためには、その要件整理も必要となる。金岡亮らは「データの提供機関や元データの利用目的によってさまざまなデータ仕様、形式、時間的な粒度、空間的な粒度が異なるためデータを統合するには大きな障壁となっている」として、「オープンデータとしての地理空間情報公開の課題および利用しやすいデータについて、最低限満たすべき要件を整理」する必要性について論じている（金岡・衛藤二〇二〇）。

三―四　情報を編集する

次の段階が、メタ観光として楽しむためにこれまでなかった新しい視点で対象を編集するステップである。

メタ観光では、その場の楽しみ方を多様化・複数レイヤー化することができ、また対象となる観光要素が非常に多くなるのでそれら多数の観光要素をもとに一つの場所から他の場所へ誘導されるといったような楽しみ方もできる。これまで観光対象ではなかったことを楽しめる観光要素として捉え直したり、場所の軸でつらぬいて複数のレイヤーの相互干渉（レイヤーの相互干渉、コンフリクト）を楽しんだり、空間的広がりを意識して「面」（地域）として楽しんだりすることがメタ観光の醍醐味である。そのために、「エンタテイン」して、あるいは「超訳」して、これらの価値を理解してもらうような編集が必要となる。

この編集は、地域をこれまでにない多様な思想・観点から深読みして楽しめるような知識を基礎とする。近い将来、ＡＩがこのような知的作業をこなすようになることは間違いないだろう。メタ観光とはおおげさに言うならば、観光の多様化・民主化というパラダイムシフトへつながるものでもある。

関連する研究を一つ挙げる。加藤雄大らは「観光については、観光客は大量にある観光情報の中から情報を取捨選択する必要」があり、「自分の目的に合った情報を見つけ出すことは困難」であるから、「観光客の来訪頻度を考慮した観光スポット情報を提供」し「観光客の来訪頻度に着目して、観光計画の立案および観光周遊を効果的かつ効率的に支援することが可能な観光スポット推薦システムの構築」を進めている（加藤・山本 二〇二〇）。

三-五　情報を表現する

四つのステップの最後はその場所の魅力の組み合わせを（ＩＣＴによる）豊かな表現力で表現することだ。

メタ観光においては、編集された魅力を伝えるためにＩＣＴの活用が不可欠だと筆者は考えている。そのままでは触れることのできない情報が可視化され、さらにそれらが組み合わさって表現され、リアルな現実に「情報」が表現・可視化されたことを楽しむ。そのためには現実空間や人間の感覚を拡張するＩＣＴを活用した表現が欠かせない。

そこで、すでに開発されているものも含めさまざまなＩＣＴを組み合わせることが考えられる。インタラクティブなオンライン地図サービスや電子掲示板を使って俯瞰的に情報を把握したり、ＶＲ（仮想現実）やＡＲ（拡張現実）を活用して「その場」でのさまざまな表現で情報を体験したり、あるいは音声ガイドなどを用いて視覚だけではない五感での体験も提供したりする。

関連する研究の一つとして、泉川真理南らは史跡などの屋外展示施設におけるＡＲを用いたガイダンスアプリケーションのユーザ・インターフェイス（ＵＩ）の開発として、「史跡や博物館等の文化施設において、対象物と付加情報を視覚的に示すことができ」、「ユーザの関心が強い対象を推定することで、タップ等の操作を行うことなく、有益な情報のみを提示する手法」を開発している（泉川ほか 二〇一八）。

以上のようなメタ観光に必要な技術を「メタ観光テック」とでも呼んでおこう。メタ観光の実現には、それぞれのシーンでＩＣＴを主としたさまざまな技術が必要とされている。それらの技術は、すでに実現されているものも多いように感じるが、メタ観光で活用することでより一般に浸透していくこともあるだろう。他方、解くべき技術的・社会的な課題も多く残っていることも忘れてはならない。

四　すみだメタ観光祭

四-一　すみだメタ観光祭の概要

すみだメタ観光祭は、メタ観光の概念をはじめて実践した取り組みである。機構と墨田区が共催し、墨田区観光協会の後援、「隅田川 森羅万象 墨に夢」実行委員会との連携で、東京都の墨田区内で二〇二一年九月から二〇二一年一二月に開催された。

メタ観光の多様な価値を可視化するメタ観光マップを作成するために「データベース整備」「地域の人による魅力の紹介」「地域の魅力の発掘」を実施した（メタ観光「開発」）。また、完成したメタ観光マップを活用するモニターツアーを実施し、完成報告会「観光会議」や作品展「すみだ新景」を開催した（メタ観光「振興」）。

すみだメタ観光祭の成果物である「すみだメタ観光マップ」は観光会議の開催日（二〇二一年一二月四日）に公開した（図10-4）。レイヤー数六〇、タグは一七〇〇にのぼり、レイヤーは八つのカテゴリにわけた。地図サービスにはオープンソースのumapを使用した。これまで約四四〇件だった観光に関する情報（タグ）が、メタ観光開発による情報収集や観光資源の掘り起こし、新たな観光資源の開発を行うことで一七〇〇件以上となった。

四-二　メタ観光の「開発」と「振興」

すみだメタ観光祭においてのメタ観光「開発」とは、地域資源を創造・発掘したうえでデータベースに整理し、可視化の一つのツールであるメタ観光マッ

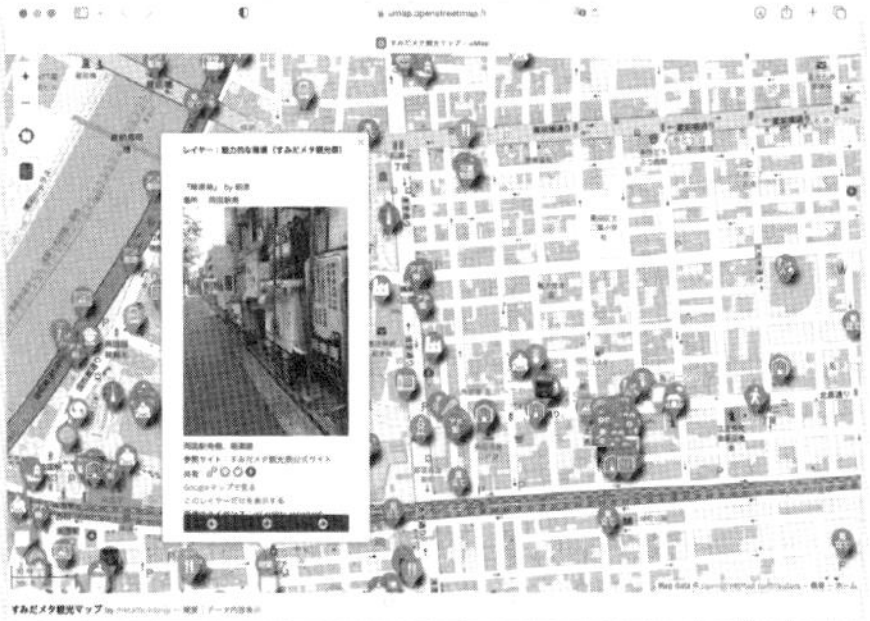

図10-4　すみだメタ観光マップ

プ上に表現することであった。

「データベース整備」では、インターネット上の公開情報や墨田区、墨田区観光協会などの提供情報を元に、位置情報に基づく多様な価値をレイヤーとしたデータベースが作成された。

また、「地域の人による魅力の紹介」として地域の人びととのワークショップを何回か開催した。そのワークショップは、①「写真で紡ぐ街の物語：in すみだ」、②「メタ観光スタディーズ～暗渠、電線、ドンツキからすみだを見る～」、③「すみだ見立て観光地図」の三つである。

「地域の魅力の発掘」としては、三名のアーティストによる墨田区をテーマにした作品制作を実施した。街の新たな魅力付けとして制作された作品は、その各々の成果をレイヤーとして地図に表示した。これら、発掘・創造されたメタ観光のための情報は、すべてメタ観光マップに各レイヤーとして掲載されている。

メタ観光の振興とは、開発されたメタ観光マップを活用するための手法の実践である。モニターツアーとして「メタ観光街歩きツアー」を日本語版、英語版の二回にわたって開催し、それぞれ二時間の街歩きを鐘ヶ淵・東向島エリアで行った。ツアーガイドはあらかじめメタ観光マップを閲覧した上でツアーを設計した。また、メタ観光祭の取り組みを紹介するメインとなるイベントとして、観光会議「メタ観光マップで考えるこれからのすみだ」が開催された。さらに、先述した三名のアーティストの作品に加え、「すみだ見立て観光地図」のワークショップの成果の作品を展示する展覧会「すみだ新景」も実施した。これら「振興」を通じてメタ観光の具体的な楽しみ方を提示することとなった。

図 10-5　ワークショップの様子
（①写真で紡ぐ街の物語　②メタ観光スタディーズ
③すみだ見立て観光地図）

五　都市を見つめ直すメディアとしてのメタ観光

以上、メタ観光に関しての概念、必要となる技術、さらに実践について述べてきた。メタ観光は都市の文化、それもすでに表層化しているものに限らず、普段は気にすることなくそれゆえに見えていない文化をも可視化して、観光資源として表現し、その上で都市が多種多様な要素で構成されていると再度認識し直すことで、その再認識された都市の文化を情報として消費する観光である。メタ観光そのものが、都市に多様な姿で存在する文化事象へアプローチするメディアといってもよいだろう。

普段からまちづくりの現場に触れている私が直感的に感じているのは、メタ観光は「まちづくり」そのものでもあるということでもある。地域に目を向けて資源・価値を明らかにすること、それを通じてシビック・プライドを醸成し、地域人材を育て、地域学習を活かす機会を作ることがメタ観光とまちづくりとに共通している。メタ観光で重要な役割を持つレイヤーを作るためには、地域に目を向けた人に活躍してもらう必要がある。そのために彼らをリスト化するのだが、すでに面白いもの・人はたくさん存在するし、その時の「面白い」という判断は先入観に捉われないことが重要だ。

他方、メタ観光においてＩＣＴが重要な役割を担うということは明らかだろう。しかし、ここでのＩＣＴには特段難しいことを（一部を除いて）要求しなくてよい。どの場面で何が必要かを整理して、社会システム・社会技術として構築・実装できるかが大事なことだ。

メタ観光は、まちづくりとの共通性に照らし合わせるまでもなく、その実践を通じて地域を見つめ直すことに通ずるといってよいだろう。都市のなかにある大切な対象として、もしかすると見過ごされてしまうようなものも含めた文化を取り上げる。それを創造・発見から表現まで総体的に実践していく「メタ観光」は都市を見つめ直すメディアとして機能していく。

【注　記】

本章の第二節から第四節は、メタ観光推進機構のnote（https://note.com/metatourismjp/）記事に加筆修正し、再編集したものである。

【引用・参考文献】

泉川真理南・赤嶺有平・根路銘もえ子（二〇一八）「史跡等屋外展示施設におけるARを用いたガイダンスアプリケーションのUI開発」情報科学技術フォーラム（FIT）
加藤雄大・山本佳世子（二〇二〇）「利用者の来訪頻度に着目した観光スポット推薦システムの構築」情報処理学会第八二回全国大会
金岡亮・衞藤祥太（二〇二〇）「オープンデータの地理空間情報価値化プロセスにおける課題と展望」人工知能学会全国大会論文集、JSAI2020巻、第三四回
佐藤圭・池田圭佑・坂井　栞・伊藤千輝・栗原聡（二〇一七）「ソーシャルセンシングを用いた能動的な地域密着イベント情報の抽出」人工知能学会全国大会論文集、JSAI2017巻、第三一回
すみだメタ観光祭〈https://www.sumida.metatourism.jp/（二〇二三年五月一日最終確認）〉
マクハーグ、I．L／下河辺淳・川瀬篤美［総括監訳］（一九九四）『デザイン・ウィズ・ネーチャー』集文社
真鍋陸太郎・小泉秀樹・大方潤一郎（二〇〇三）「インターネット書込地図型情報交流システム「カキコまっぷ」の課題と展開可能性」『都市計画論文集』三八（三）：二三五―二四〇
真鍋陸太郎（二〇一五）「21世紀型の住環境の評価――様々な多様化をともなう住環境評価」『都市計画』六四（一）：三二―三五
真鍋陸太郎・水越伸・宮田雅子・田中克明・溝尻真也・栗原大介（二〇二〇）「参加型コミュニティ・アーカイブのデザイン：デジタル・ストーリーテリングや参加型まちづくりの融合」『デジタルアーカイブ学会誌』四（二）：一一二―一一六頁
メタ観光推進機構ホームページ　https://metatourism.jp/（二〇二三年五月一日最終確認）
Goodchild, M. F. (2007) *Citizens as sensors: The world of volunteered geography. GeoJournal.* 69(4): 211–221.
Manabe Rikutaro (2015) *Concept model: The flow of information in the city.* 14th International Conference on Computers in Urban Planning and Urban Management

第十一章　観光地におけるコンテンツ空間の多層性

倉敷市における「巡・金田一耕助の小径」をおもな題材に[1]

松本健太郎

一　はじめに

私たちがある観光地を旅しようと欲するとき、もはやその場所のイメージはそこに実在する物理的な空間や物質的なモノのみに依拠して規定されるものではないだろう。かつてケヴィン・リンチはその一九六〇年の著作である『都市のイメージ』（The Image of the City）のなかで、都市のわかりやすさに言及した際、そのイメージ構造を成立させる諸要素として①街路・運河・鉄道などの「通路」（path）、②地域を隔離し移動を遮る海岸線や城壁などの「境」（edge）、③駅や交差点など都市の主要な場所である「結び目」（node）、④一貫したアイデンティティをもった空間的広がりを指す「区域」（district）、⑤ひときわ目立つ塔や山などである「目印」（landmark）の諸点を列挙した（リンチ 二〇〇七）。昨今ではそれら物理的／物質的な構造物以外に、各種のメディアやそれが提示するコンテンツ（あ

［1］本章は『観光学評論 一一巻二号』に掲載の論文「観光とゲームの現代的関係性を考える――倉敷市におけるコンテンツ空間の多層性を題材として」の一部に修正を加えた内容を含む。

るいは、そこに含まれるキャラクター）との関係のなかで、特定の観光地のイメージが形成されうる。[2] たとえば、茨城県大洗町が『ガールズ&パンツァー』を経由して想像されたり、熊本県が「くまモン」を経由して想像されたり、といった具合である。そしてそれらのイメージは、多様なモノ（グッズや土産物など）を通して具現化され、観光地のイメージ形成に関与することになる。

なお、ここで「コンテンツ」なる概念を援用したが、それはすでに、現代社会を捉えるキーワードとしての地位を確立しつつあるといっても過言ではない。コンテンツ（contents）とは、そもそもの語義から考えれば、「中身」や「内容」を指す言葉である——たとえば新聞であれば「記事」、テレビであれば「番組」、ゲームであれば「ソフト」などがそれに該当する（松本・塙 二〇二二）。福富忠和によると、「「コンテンツ」という語は、技術やインフラ上の違いを超えて流通する情報の内容を、横断的に示す概念として一九九〇年代から使われ始め、日本でもこの用法が定着するに至った」（福富 二〇〇七：四）と指摘されるが、つまるところ当該の概念は、インターネットの普及によってデジタル化が進展した一九九〇年以後に台頭したものといえるだろう。そして現在、コンテンツなる言葉は、じつに多様な対象を指示するものとして使用されるに至っている。[3]

一般の人びとがインターネットを前提として制作に従事するUser Generated Contents、すなわち「UGC」（濱野 二〇一五：一八–一九）から、人びとがソーシャルメディアを前提として拡散に従事するUser Distributed Contents、すなわち「UDC」（金 二〇二一：三七）に至るまで、コンテンツのあり方は時代とともに変質してきた。そして各種のプラットフォームを経由して流通し、人びとの視線にさらされるコンテンツは、Instagramの写真、YouTubeの旅系動画、トリップアドバイザーの口コミなどを例に考えれば理解されるように、旅のあり方、あるいは観光地のイメージのされ方にも確実に影響を及ぼしている。

その意味で、人口に膾炙したコンテンツツーリズムなどは、現代における「観光」と「コンテンツ」の緊密な関係性、あるいは、観光地のイメージ形成をめぐる様態を把捉するうえで格好の題材を提供してくれる。コンテンツツーリズムとは、岡本健によれば「一般にアニメやマンガ、映画、キャラクターなどのコンテンツをきっかけとした旅行行動や、これらを活用した観光振興のこと」（岡本 二〇一九：三）と定義されるが、それは端的にいえば、コンテンツに牽引されるツーリズムのことだといえるだろう。しばしばその具体的事例として言及される『らき☆すた』にしても、あるいは『けいおん！』にしても、それらは、その舞台として起用された特定の場所（鷲宮神社や豊郷小学校旧校舎群）の「解釈」可能性を更新するものである。換言するとその場合のコンテンツ、およびそこに包含される記号群は、いわばチャールズ・サンダース・パースが提起した「解釈項」として、特定の場所やそこに実在するモノに対して、新たな意味を付与しうるものといえよう。

　コンテンツに依拠する旅、すなわちコンテンツツーリズムに関する研究には「小説」「マンガ」「アニメ」「ドラマ」を題材とするもののほか、近年では「YouTube 動画」を題材とするものも散見されるが、これに対して本章では、さまざまなコンテンツのなかでも「ゲーム」を中心に議論を展開したい。とりわけ体感型推理ゲームやスタンプラリーなどのかたちで、ツーリストによるコンテンツ空間への自発的参加を促す「ゲーミフィケーション」の仕組み

---

[2] 増淵はリンチの各要素に触れたうえで、都市のイメージ形成をめぐる議論を振り返りながら、「もちろんコンテンツはその都市のイメージやローカルのイメージを醸成するために、もっとも有効なツール」であると主張している（増淵 二〇一八：四三）。

[3] たとえば髙瀬敦也は次のように語る――「デジタルの世界では、言葉通り「中身や内容」で、情報、文章、音楽、動画などを指したりしますが、一般的にはアニメやマンガ、映画や音楽、ゆるキャラやゲームなど、モノや映像がブランド化されて、それがビジネスに繋がったりしているものが、コンテンツだと認識されていると思います。しかし、私は「この世にあるものすべてがコンテンツである」と考えています。厳密には「誰かがコンテンツだと思えばコンテンツ」であると思っています。なぜなら、人からコンテンツだと認識されるかどうかが、コンテンツであるかそうでないかの境界線だと考えているからです。「それ、コンテンツだよね」と思われた瞬間に、その商品やサービスはコンテンツになります」（髙瀬 二〇一八：一二―一三）。

を取り上げつつ、観光とゲームとの今日的な関係性、さらには、観光地とコンテンツ空間の多層的な関係性を分析する。

二　ゲーミフィケーション概念から考える「観光」と「ゲーム」

そもそも「ゲーム」とは何か。あるいは「ゲーム」とは、どのような要素の複合により成立するのだろうか。ジェイン・マクゴニガルによると、ゲームとは①「ゴール」、②「ルール」、③「フィードバックシステム」、④「自発的な参加」の四点により特徴づけられると説明される。このうち①とは「プレイヤーが達成すべき具体的な成果」、②とは「プレイヤーがゴールに達する上での制約」、③とは「プレイヤーがどこまでゴールに近づいているのかを示すもの」、④とは「ゲームをプレイする誰もがそのゴール、ルール、フィードバックを理解したうえで、進んで受け入れること」だという（マクゴニガル 二〇一一：三九-四〇）。むろんゲームには多種多様なものが含まれるため、迂闊に一括りにすることが困難なメディウムだともいえるが、しかし昨今それが現代社会に広く浸透し、社会に生きる私たちの状況性を組み替えつつあるという点は、衆目の一致するところだろう。

ゲーム的想像力の社会的拡散――これを理解するうえでの糸口となりうるのが「ゲーミフィケーション（gamification）」概念である。字義的には「ゲーム化」を意味するそれは、「ゲームの考え方やデザイン・メカニクスなどの要素を、ゲーム以外の社会的な活動やサービスに利用するもの」（井上 二〇一二：一一）と定義されるが、それは人びとのモチベーションやロイヤリティを高めたりする目的で、社会の各所で実装されつつある。実際に今日、ゲーミフィケーションとは多岐にわたる領域、たとえば健康分野や行政分野などでも活用されるマーケティング上のアプローチとして認識されつつある。深田浩嗣によると、それは「ターン制、行動力、オークション・入札、カード、サイコロ、リスクと報酬等」のゲームメカニクスを利用することにより実現されるという（深田 二〇一一：二一七）。

なお、ゲーミフィケーションは観光領域でも、たとえばスタンプラリーや謎解きゲーム、あるいは、航空会社のマイレージカードにおけるレベルシステムなどにその仕組みを見出しうる。それらは、マクゴニガルが言及した各要素――ゴール、ルール、フィードバックシステム、自発的な参加――を巧みに活用しながら、消費者の心理や欲望のコントロールを志向するアプローチとして社会的に顕在化しつつあるのだ。なお、昨今では謎解きやスタンプラリーなど、「ゲーミフィケーション」の系譜に分類しうる多種多様な取り組みが各地域、各自治体で試みられている。以下その事例として具体的に取り上げるのは、倉敷市で開催されている体感型推理ゲーム「刑部大輔の事件簿」である。これを題材としながら、ゲームが提供する「コンテンツ空間への入口」に目を向けてみたい。

三　ゲームが提供するコンテンツ空間への入口：倉敷市の事例から

岡山県倉敷市は豊富な観光資源を持つ観光都市として知られるが、その一方で、そこは横溝正史による『本陣殺人事件』が執筆された地であり、また、その舞台となった地としても知られている。そして現地で、推理小説家である横溝に関連した企画として毎年実施されているのが「巡《めぐる》・金田一耕助の小径《こみち》」である。当該イベントは二〇〇九年度にスタートし、現在に至るまで継続しているが、その目的としては、横溝による小説の主人公「金田一耕助」に焦点をあて、倉敷市真備《まび》町を「名探偵、金田一耕助が生まれたまち」としてＰＲするとともに、備中地域を中心とした「金田一耕助」ゆかりの地を紹介することで、広域での誘客拡大につなげることが掲げられている。なお、二〇二二年度の「巡・金田一耕助の小径」では、図11-1のようなチラシが作成されていた。

二〇二二年度における「巡・金田一耕助の小径」関連事業としては、一一月二六日に開催されたコスプレイベント「①１０００人の金田一耕助」、一一月二七日に開催された「②１０００問の金田一耕助」、一〇月八日から一二月二五日までの日程で実施された「③「金田一耕助」謎解きラリー」、そして、筆者のゼミ生たちが中心となり一二月一七日・一八日に開催された「④名探偵刑部大輔の事件簿」が計画されていた。このうち「ゲーミフィケーション」の例といいうるのは、謎を解きながら金田一ゆかりの地をめぐるスタンプラリーである③、および、体感型推理ゲームである④であろうが、以下ではそれらのコンテンツのうち後者について詳述していく。

　体感型推理ゲーム『刑部大輔の事件簿』は、筆者が所属する二松学舎大学の学生たちにより企画された没入型フィクションであり、ここ数年、倉敷市観光課との連携のもと、ＰＢＬの一環として開催されている。それは二〇一六年度における初公演以来、そのつどシナリオや会場を変えながら、ほぼ年に一回のペースでこれまで開催されてきた（なお、新型コロナウイルス感染症の影響があった期間には、現地開催に代わりオンライン形式での開催となった）。ちなみに近年、若者たちのあいだで流行しつつある「体感型推理ゲーム」とは、プレイヤーが物語を構成するキャラクターの一人になって、提示される未解決の事件をフィールドに隠された証言や証拠品から推理するものである。推理に伴って徐々に進行する物語世界と、目の前で繰り広げられる現場とを往還しながら、その真相を暴きだす、新感覚推理アトラクションとして位置づけることができる。

　それでは、学生企画として開催された『刑部大輔の事件簿』はどのようなものだったのだろうか。一例として以下、二〇一六年の初回公演時におけるその概要を紹介しておこう。当時、会場として選んだのは倉敷美観地区にある「倉敷物語館」である。その推理ゲームのシナリオは、次のようなものであった――「とあるお屋敷で結婚式の前に花婿が死亡する事件が発生し、それを警察は初動捜査で自殺と断定した。そのお屋敷では見習いの探偵たちによる研修が実施されることになった。そこに先輩として送り込まれた都内の私立探偵「刑部大輔」は、事件の不審な点を見つ

図 11-1　「巡・金田一耕助の小径」のチラシ

けて見習たちに再捜査を促す」。来場者は物語世界の登場人物となり、用意された証言や証拠品のパネルを踏まえて、警察の初動捜査の矛盾を暴きだして犯人を発見する――こうした過程を楽しむのが体感型推理ゲームなのである。小説や映画などに表象される虚構世界のイメージを流用し、特定の物理的空間のなかでそれを模倣的に再現することで、受け手を「体感」的にその世界へと巻き込む仕掛けをそなえたコンテンツだといえる。

かつて筆者は『大学と地域』という本に収録した所収の論考のなかで、このイベントについて以下のような解説を加えていた。

> 来場者は体感型推理ゲームにおいて、会場内を能動的に歩きまわり、事件の解決を目指す。他方で、学生たちは役者（探偵役、警部補役など）として演技し、また、撮影済みの動画を駆使しながら、脚本にもとづくストーリーへと来場者をひき込んでいく。「刑部大輔の事件簿」は本来的には、「巡・金田一耕助の小径」に関心をいだく横溝ファン向け、あるいはミステリファン向けに企画されたものであるが、この「体感型推理ゲーム」という形式を導入するならば、それは参加者にとっては、事件とその解決を体感しうる魅力的な機会を得ることができるわけである（松本ほか 二〇二〇：一三一）。

ゲームとはいってもデジタルゲームとは異なり、どちらかというと「アナログ」な要素を用いて上演された『刑部大輔の事件簿』だが、それは倉敷物語館という物理的空間を借用しながら、あるいは、さまざまなモノ（たとえば探偵風の衣装を着た役者の身体やそのパフォーマンス、証言や証拠品のパネル、事件を解説するためにそのクライマックスで上映される動画、イベント関連グッズなど）を組み合わせながら、それらの場所およびモノが示す「記号」の統語論的なネットワークにより、ゲームに特有の「マジックサークル」[4]――「魔法円」を意味するそれは、ケイティ・サレンとエリック・ジマーマンが提起した概念であり、「時間と空間においてゲームを定義している境界もしくは枠」（サレン＆ジマーマン 二〇一九：七一）として規定される――が組織されることになる。そこで当該のゲームは、倉敷物語館という物理的な空間を、架空の事件が発生する別の「状況」へと変換する。

ちなみに体感型推理ゲームの上演中、一般の観光客による倉敷物語館への立入りが制限されるわけではない。したがって同じ場所に共在するとしても、ゲームのマジックサークル経由で虚構世界を体験する人びとと、それ以外の、観光地・美観地区の一施設としてそこを訪れる人びととでは、解釈される空間の意味が異なりうる。そして、そのうちゲームの参加者にとっては、『刑部大輔の事件簿』のコンテンツ世界、およびそこに含まれる記号群は、その観光地の物理的空間を意味づけるための「解釈項」として機能するのである。

なお、本章ではすでに体感型推理ゲームを「没入型フィクション」であると表したが、おそらくそれは、アニメのファンたちによる聖地巡礼とは異なる形態での「没入」を惹起するものといえよう。というのもマクゴニガルの言説を想起すれば、当該のゲームには「ゴール」「ルール」「フィードバックシステム」により「自発的な参加」へと至る導線がプログラムされているわけであり、そのため、キャラクターや物語に関する予備知識や思い入れなどがなかったとしても、マジックサークルへの「没入」を容易に実現できる仕掛けになっているのである。つまり同じ「コンテンツ空間」といっても、アニメに依拠するそれとゲームに依拠するそれとでは、参加者の「没入」をめぐって別のメカニズムが介在していると考えられる。

四　キャラクターが生成するコンテンツ空間：「巡・金田一耕助の小径」を例に

ゲームの虚構は「マジックサークル」とよばれる圏域を現実空間に持ち込むが、しかしそれ以外のコンテンツ、たとえばアニメやYouTube動画などもまた——むろんそれらはサレンとジマーマンが提起した「マジックサークル」概念とは異なるかたちで——ある種の「コンテンツ空間」を現実世界に持ち込む可能性がある。つまりゲームに加えて、映画やアニメ、さらにはYouTube動画やInstagramの写真などの各種コンテンツ、およびそこに含まれる記号群（たとえば特定のキャラクターやその舞台となる光景）が「解釈項」となり、ある観光地の空間イメージが意味づけられうるのである。そして重要なことは、どのようなコンテンツを参照するかによって、同じ観光地であってもそのつどイメージが変質しうるということである。

前節で取り上げた体感型推理ゲーム『刑部大輔の事件簿』には、謎解きファン向けという側面もあるし、また、ミステリファン向けという側面もある。既述のとおり、「巡・金田一耕助の小径」の関連事業には、これ以外にも「１０００人の金田一耕助」「１０００問の金田一耕助」「「金田一耕助」謎解きラリー」が企画されており、したがってミステリファンは体感型推理ゲームに加えて、それら関連のイベントにも足を運ぶかもしれない。その際、「巡・金田一耕助の小径」に包摂されるイベント群は、「金田一耕助」というキャラクターの記号性にもとづいて相互に結びつけられている。

令和四年度「巡・金田一耕助の小径」事業実績報告書（「巡・金田一耕助の小径」事業実績報告書 二〇二三）によると、上記の各事業のうち「１０００人の金田一耕助」とは、横溝正史作品のキャラクターに扮してゆかりの地を歩くコスプレイベントであると説明される。それは二〇二二年一一月二六日に実施されたが、ＪＲ清音駅、川辺本陣跡、横溝正史疎開宅、真備ふるさと歴史館を巡るイベントとなっており、一〇〇人が参加したという。また、その翌日にあたる一一月二七日に実施された「１０００問の金田一耕助」とは、同報告書によると「金田一耕助にまつわる問題を出題した検定試験」であり、二四人が参加したという。さらに「「金田一耕助」謎解きラリー」（図11-2）は、ドラマや小説の舞台となったゆかりの地を、謎を解きながら車で巡るデジタルドライブラリーであり、日程は一〇月八日か

［4］一般的なコンシューマーゲームの場合、マジックサークルはプレイヤーとモニターの間隙にある限定的な空間から派生するが、これに対して体感型推理ゲームの場合、実在する場所やモノのイメージが流用され、それらが複合することで虚構のコンテンツ空間が立ち現れることになる。

ら一二月二五日までの期間、場所は満奇洞（新見市）、広兼邸（高梁市）、中世夢が原（井原市）、旧矢掛本陣石井家住宅（矢掛町）、JR清音駅（総社市）、総社市まちかど郷土館（総社市）、横溝正史疎開宅（倉敷市）、真備ふるさと歴史館（倉敷市）、旧野﨑家住宅（倉敷市）、むかし下津井回船問屋（倉敷市）、鷲羽山レストハウス（倉敷市）、住吉港（みなと・こばなし）（笠岡市）が指定されていた。なお、このラリーを紹介するウェブサイト[5]によると、その参加方法は以下のように説明されている。

（1）各開催場所に設置してあるポスターのQRコードを読み取ってユーザー登録
（2）各所で出題される謎を解き、キーワードを入力してスタンプを取得
（3）集めたスタンプの数に応じてプレゼントに応募（先着または抽選）

四か所の謎をクリアすることで獲得できるプレゼントの景品には、図11-3のオリジナルシール——ビックリマンシールなどを手掛ける株式会社グリーンハウスがデザインした「金田一耕助シール」——が含まれており、これは大いに人気を博したという。

補足しておくと、このラリーでは七か所の謎をクリアした参加者は（上記とは別バージョンの）「オリジナルシール」および「エコバッグ」を、さらにすべての謎をクリアした参加者は「七市町の特産品詰め合わせ」を獲得できる設定になっていた。これらの景品は、いわばマクゴニガルが語る「ゴール」を示すものであり、それを支える「ルー

図11-2　「「金田一耕助」謎解きラリー」のチラシ

ル」（期間内にゆかりの地を巡り謎解きをする）および「フィードバックシステム」（何個スタンプを集めたかが示される）によって、参加者による「自発的な参加」が促される――これは、まさにゲーミフィケーションを用いた地域社会における取り組みの一例といえるだろう。

「巡・金田一耕助の小径」に含まれる四つのイベントは、金田一耕助を主人公とするコンテンツ空間を倉敷市、あるいは近隣のエリアに導入することになる。本章ではすでに、体感型推理ゲームに由来するマジックサークルに触れたが、しかしそれは、それのみで自律的に存在するというよりも、むしろ他の関連イベントに由来するコンテンツ空間とゆるやかに連携しながら、複合的／多層的に、意味解釈の対象となる「状況」が形成されるのだ。なお、「「金田一耕助」謎解きラリー」は倉敷市以外の市町を巻き込んだ広域的なイベントであったが、たとえば岡山県新見市のウェブサイトでは、やはり金田一耕助風の人物を主人公とする動画「牛神家の一族」が公開されている[6]。いうまでもなく、これは映画「犬神家の一族」のパロディであり、当地の名産品である千屋牛肉のPRのために制作されたものである。ともあれ上記の事例からみてとれるよう

図11-3　金田一耕助シール

［5］ https://prtimes.jp/main/html/rd/p/000000023.000038392.html（二〇二三年一〇月五日最終確認）
［6］ https://www.city.niimi.okayama.jp/gyosei/gyosei_detail/index/3916.html（二〇二三年一〇月五日最終確認）
［7］ https://www.kurashiki-tabi.jp/event/32910/（二〇二三年八月七日最終確認／一〇月五日時点アクセス不可）
［8］ https://www.sumikkogurashi-10th-project.jp/machicollabo/kurashiki/（二〇二三年一〇月五日最終確認）

に、「ラリーで訪れる場所」と「シールなどの景品」、あるいは「パロディ動画」と「地域の名産品」など、そもそも相互に無関係であったはずのモノ＝記号を関連づけるうえで、その結節点として機能するのが「金田一耕助」なのである。そのキャラクターのイメージは多様なメディア／イベントを介して、いわば「メディアミックス」的に拡散されていくのである。

五　結びにかえて：観光地とコンテンツ空間の多層的な関係性

今日において、私たちは多種多様なコンテンツとの関係のなかで、ある観光地をイメージしたり、あるいは、実際に旅を体験したりしうる。その典型がコンテンツ・ツーリズムであることは言うまでもないが、しかしそれ以外のあらゆる旅がある意味では「コンテンツ誘発型観光」になりえているのかもしれない。旧Twitter（現X）のつぶやき、Instagramの写真、トリップアドバイザーの口コミ、YouTubeの旅系動画、『ポケモンＧＯ』や『ドラゴンクエストウォーク』などのゲームアプリ、地域で企画された謎解きやスタンプラリーなどを含め、何かしらの「コンテンツ」の影響を一切受けない旅を想定すること自体、現在では困難だといえるだろう。

多種多様なコンテンツが過剰に氾濫し、それをスマートフォン経由で自在に選択・受容しうる現代において、ツーリストが依拠する興味や関心も多様化している。倉敷市の美観地区でいえば、倉敷の美しい建築物をめぐる旅「アーキツーリズム」[7]へ参加するためにそこを訪れる人もいるだろうし、あるいは、（「すみっコぐらし」とのコラボにもとづく）「すみっこまち・倉敷市」[8]のガイドマップを眺めながらそこを訪れる人もいるだろう。倉敷市には、その物理的空間を覆うさまざまなコンテンツ空間が広がっており、それらのうちどのコンテンツを参照するかによって、ツーリストが認識する「状況」は変幻自在に組み変わりうるのである。

【謝　辞】

本章の執筆にあたって、倉敷市観光課の方々、とくに土井春美様と宇多川一輝様にご協力いただいた。この場を借りて謹んで感謝を申し上げたい。

【引用・参考文献】

井上明人（二〇一二）『ゲーミフィケーション――〈ゲーム〉がビジネスを変える』NHK出版

エリオット、A／遠藤英樹・須藤廣・高岡文章・濱野健［訳］（二〇二二）『デジタル革命の社会学――AIがもたらす日常世界のユートピアとディストピア』明石書店（Elliott, A. (2019) *The culture of AI: Everyday life and the digital revolution.* Routledge.）

岡本健（二〇一九）「まえがき」岡本健［編］『コンテンツツーリズム研究 増補改訂版――アニメ・マンガ・ゲームと観光・文化・社会』福村書店：三―四頁

金暻和（二〇二一）「ソーシャル・メディアと「関心の経済学」――メッセージの制作から流通の時代へ」小西卓三・松本健太郎［編］『メディアとメッセージ――社会のなかのコミュニケーション』ナカニシヤ出版：三三―四五頁

サレン、K・ジマーマン、E／山本貴光［訳］（二〇一九）『ルールズ・オブ・プレイ――ゲームデザインの基礎《ユニット1／4 核となる概念》』ニューゲームズオーダー（Katie, S., & Zimmerman, E. (2004) *Rules of play: Game design fundamentals.* MIT Press.）

髙瀬敦也（二〇一八）『人がうごくコンテンツのつくり方』クロスメディア・パブリッシング

濱野智史（二〇一五）『アーキテクチャの生態系――情報環境はいかに設計されてきたか』筑摩書房

深田浩嗣（二〇一一）『ソーシャルゲームはなぜハマるのか――ゲーミフィケーションが変える顧客満足』ソフトバンククリエイティブ

福冨忠和（二〇〇七）「コンテンツとは何か」長谷川文雄・福冨忠和［編］『コンテンツ学』世界思想社：二―一六頁

藤井保文・尾原和啓（二〇一九）『アフターデジタル――オフラインのない時代に生き残る』日経BP

マクゴニガル、J／藤本　徹・藤井清美［訳］（二〇一一）『幸せな未来は「ゲーム」が創る』早川書房（McGonigal, J. (2011) *Reality is broken: Why games make us better and how they can change the world.* Penguin Press.）

増淵敏之（二〇一八）『ローカルコンテンツと地域再生――観光創出から産業振興へ』水曜社

松本健太郎・飯田れな・西田京子・山本克（二〇二〇）「地域と大学の連携による文学のコンテンツ化――倉敷市における体感型推理ゲー

ムの制作プロジェクトを題材に」井尻昭夫・江藤茂博・大崎紘一・三好宏・松本健太郎［編］『大学と地域——持続可能な暮らしに向けた大学の新たな姿』ナカニシヤ出版：一二七－一四一頁

松本健太郎・塙幸枝（二〇二二）『コンテンツのメディア論——コンテンツの循環とそこから派生するコミュニケーション』新曜社

メイロウィッツ、J／安川一・高山啓子・上谷香陽［訳］（二〇〇三）『場所感の喪失——電子メディアが社会的行動に及ぼす影響』新曜社（Meyrowitz, J. (1985) *No sense of place: The impact of electronic media on social behavior.* Oxford University Press.）

「巡・金田一耕助の小径」実行委員会（二〇二三）『令和4年度「巡・金田一耕助の小径」事業実績報告書』

ユール、J／松永伸司［訳］（二〇一六）『ハーフリアル——虚実のあいだのビデオゲーム』ニューゲームズオーダー（Juul, J. (2005) *Half-real: Video games between real rules and fictional worlds.* MIT Press.）

リンチ、K／丹下健三・富田玲子［訳］（二〇〇七）『都市のイメージ　新装版』岩波書店

第十二章　都市における銅像とメディア

観光の文脈から考える

堀野正人

一　はじめに

ニューヨークのシンボルは何かと聞かれて何を思い浮かべるだろうか。いくつかの答えがあるとしても、おそらく「自由の女神」をはずすことはできないだろう。一八八六年にアメリカ合衆国の独立一〇〇周年を記念して、独立運動を支援した国であるフランスの人びとの募金によって製作、贈呈された。以来絶えることなく世界各地から観光客が訪れている。一九八四年には世界文化遺産に登録された。このように世界の歴史的な都市には、神話や伝説に由来する彫像や、歴史上の英雄や偉人をモデルとする銅像が数多く存在するし、それらには「観光客のまなざし」が注がれている。ジョン・アーリによれば、観光客のまなざしの対象となるのは、日常との対照性を有する非日常のものであり、強い楽しみが期待されるものである。そして観光の対象は、唯一無二で有名なもの、その国・地域固有の文化的典型を示すもの、あるいは特別な由来を有しているものであることが必要だという（だから、銅像ならば何でもよいというわけではない）。また、観光客のまなざしは、日常の生活に対する何らかの差異から形成されるが、それは社会的記号のシステムを前提にする。とくに、映画、テレビ、雑誌、ビデオなどの視覚的メディアを通じて記号は再生産され、その過程でまなざしは強化されるとしている（アーリ 二〇一四：七-八）。

日本の都市においても、明治中期以降、多くの英雄、偉人の銅像が建設され、一部は観光の対象になってきた。現代では、アニメのキャラクター銅像が各地で増殖を続けている。境港の「ゲゲゲの鬼太郎像」[1]（一九九三）、高岡市の「ドラえもん像」（一九九四）、亀有の「両津勘吉像」（二〇〇六）、世田谷区桜新町の「サザエさん像」（二〇一二）、葛飾の「大空翼像」（二〇一三）など、枚挙にいとまがないほどの銅像が、都市の大小を問わず設置されている。

本章では、都市における銅像というモニュメントの観光について、ガイドブック、テレビ、インターネットなどのメディアとの関係を手掛かりに、その歴史的な変遷をたどってみる。また、銅像建造の背後にある社会的な要因や文脈を把握することで、銅像自体がメディアとしてどのようなメッセージや意味を伝えていたのかを考えてみたい。ところで、木下直之は、「銅像」とは金属製の人間像を指すものの（ただし神像や動物像をしばしば含む）、今ではあまりに人口に膾炙したため、それを石像やＦＲＰ（繊維強化プラスチック）像に対して用いても違和感がないという（木下 二〇一四：二一八）。本章では、これにアニメ、マンガなどの架空のキャラクターを加えたものを銅像と呼ぶことにする。

二　国家主義下の英雄像と観光：真面目と遊びの共在

明治中期以降、おびただしい数の銅像が台座を伴いながら都市の公共的な空間に設置されていった。これらの銅像は、記紀神話や歴史上の人物、明治維新、西南戦争、日清・日露戦争などでの功労者、軍人、政治家、文化人などがモチーフとなり、当時の軍国主義を表現するモニュメントとして明確な性格をもっている（竹田 一九九七：四）。また、銅像のモデルとなる本人、すなわち像主の公人としての度合いを直截に示すものが位階勲等爵位である。銅像とは、このように国家から特別に評価された有用の人物、いわばお墨付きを与えられた個人を形象化したものであった

（木下 二〇一四：四四）。そして、その人物の生前の業績を称えるために、大きな銅像を支える台座と広い空間が与えられた（大きなものは台座を含め一〇メートルを超える）。そのため、それを見上げる人びとは、その人物が何をしたかは不明であっても、「偉い」と認識するのである（高山 二〇一一：二〇七）。

銅像への社会的な関心は、明治の中頃から強まっていく。朝日新聞で東京の銅像に関して触れている戦前の記事をさかのぼれる限りでみてみると、一八八七年から一九四五年まで継続的に掲載され、総計では一四二五件に上った。年平均で約二四件が掲載されていることから、相応のニュース価値を維持しており、当時の人びとにとっては身近な話題になっていたと推測できる。新聞というメディアを通じて、銅像の背後にある人物の物語や制作の経緯が伝えられ、実物を眼前にしたとき、人びとは銅像からそれらのテクストを読み解いていく。つまり、銅像そのものが情報やイメージを呼び起こす一種の記号＝空間メディアとして機能するのである。

では、英雄、偉人の銅像が伝えるメッセージとはどのようなものか。木下は、記念碑としての銅像の建設の動機は種々あるが、大きく分ければ、人の事蹟を記念するか、出来事を記念するかの二つで、それらの記憶を確認し、自分たちだけのものにとどめず、さらに後世へと伝えることが目的であるという。そして、人の顕彰や追慕は、死を契機とすることが多く、不慮の死や異常な死、災害や戦争がもたらす大量の死には、尋常ならざる慰霊行為が求められるのだと指摘している（木下 二〇一四：二一九）。

一見すると、こうした性格をもつ銅像に対面する行為は、楽しい非日常の体験を目的とする観光にはそぐわないようにみえる。しかし、「遊び」に重心を置く観光の捉え方は、高度経済成長期の娯楽と消費を主眼とする観光行動に強く影響されて形成され、一般的な理解になったのであり、必ずしも普遍的なものではない。そもそも「観光」の原義は「国の光を観る」こととされ、優れた文物、制度を視察して自国や自分のために研修し、知識・教養を高めると

［1］（　）は銅像が設置された年で、複数ある場合は最初のもの。以下同じ。

いう意味内容のものであった。現実の「観光」はこうした対照的な意味合いを含みつつ展開してきたのであり、常に建前としての真面目な側面と、本音としての遊びの側面が抱き合わせで成り立ってきたといえよう（堀野 二〇一一：九七–九九）。

こうした理解に立てば、慰霊や尊崇の対象としてのみ銅像を捉えることはできないだろう。明治期に入って間もなく、「東京名所案内」や「東京遊覧案内」と銘打ったガイドブックが登場する。特に明治末期から盛んに製作、出版されるようになる。これらの出版物では銅像は見るべき名所として紹介される。[2] その代表的な例が、靖国神社の「大村益次郎像」（一八九三）、上野公園の「西郷隆盛像」（一八九八）、皇居前広場の「楠木正成像」（一九〇〇）、神田須田町万世橋駅前の「廣瀬中佐・杉野兵曹長像」（一九一〇）の四つで、ほとんどのガイドブックに写真付きで掲載されている。

このうち、廣瀬と杉野の銅像のいわれは次のようなものである。二人は日露戦争の旅順港閉塞作戦に従事していたが、敵駆逐艦の魚雷攻撃を受ける。廣瀬は、撤退時に戻ってこない部下の杉野を助けようとしてロシア軍の砲弾を受け戦死する（これにより中佐に昇進）。かくして軍神となった廣瀬の像が万世橋駅前に建設された。一九一四年発刊の『東京案内』では、「廣瀬軍神銅像」として、以下のような解説がつけられている。

> （前略）右には萬世橋停車場、左には神田郵便局の巨大なる建築物を背景とし、威風あたりを拂つて屹立して居るのは廣瀬軍神の銅像である。立って指揮せるは中佐で、踞して槌を執るは杉野兵曹長である。日露戦役の惨劇と、我が将卒の勇猛とを回顧せしめて、そぞろ中佐等の偉功を欣慕せしめるものがある。吾人は東京の新名物として見落とさざらんことを勧める（実業之日本社 一九一四：一五五–一五六）。

記事は銅像について、日露戦争時に部下を助けようとして劇的な死を遂げた軍神廣瀬中佐の英雄譚をなぞりつつも、同時に東京の「新名物」として誰もが見るべきものであるという観光の文脈でも捉えている。

この事例に関連して、ケネス・ルオフは、一九三〇年代末の戦時体制下においても、実は政府が主導するナショナリズムと、新聞・百貨店・鉄道などが推進する消費主義が相互依存的に結びついており、それが大衆の観光を可能にしたという。その典型は、「紀元二千六百年」に際して、神武天皇即位の場とされる橿原神宮などの皇室関連史跡を訪れる「聖蹟観光」であった（ルオフ 二〇一〇：一三七-一六九）。戦前に出版された東京の名所案内や遊覧案内は、見どころだけでなく、交通、宿泊、物販などの情報を詳細に網羅したものも多く、観光による消費を誘発することを意図していたことは明らかである。そうした文脈のなかに、国家の英雄、偉人を現した銅像への来訪も位置づけられていたのであり、聖蹟観光と同様の性質をもつものとして捉えられるだろう。

三　戦後の銅像の拡散と観光：メディア・コンテンツの投影

戦時中は、銅鉄供出により銅像の大部分が撤去され、戦意高揚のために残された軍人系の作品も終戦後ＧＨＱの指示や民間の破壊行為により撤去・移設された。結果としてわずかに残ったのは、皇室系と一部の歴史系あるいは維新系の銅像であった（竹田 一九九七：四）。

一九五〇年代になると、いくつかの都市で銅像設置事業が展開されるようになる。その特徴は、戦前までの銅像とは異なって任意の人物をモチーフとし、人体の美しさを表現する彫刻が登場したことだ（その代表が裸婦像である）。健康な人体が、社会的にポジティブなメッセージを放つものとして、「平和」「自由」「建設」「産業」などという概念や他の社会的に記念すべき概念と結びついていた（竹田 一九九七：一〇-一二）。つまり、戦後の銅像も、戦前の英雄像、

［2］「国立国会図書館オンライン」においてインターネット公開されている文献で、検索ワード「東京名所」「東京案内」「東京遊覧」でヒットしたもののうち、一八九六（明治二九）年から一九三六（昭和一一）年に出版された一二三冊を参照した。

偉人像と同様に政治的なプロパガンダとしての機能を担っていたのである。

かくして、行政が主導する形で公共的空間に銅像が配置されていったのだが、戦前からの英雄像に比して、観光客のまなざしは、さほど注がれてこなかったといえよう。理由の一つは、モデルとなる人物は実在したとしても、歴史上の有名人ではないことが考えられる。先に述べたように、観光客のまなざしが注がれる要件としては、強い非日常性を感じさせるような、高い知名度や文化的特徴や固有のいわれなどが必要となる。戦後の裸婦像、親子像は、そうした性格をほとんどもたず、ストーリーやメッセージを読み取ることが難しい。

例外的に観光対象になるとすれば、設置される場所がすでに観光地として確立しており、新たな見どころとなりうる場合や、制作者がきわめて有名な作家である場合が考えられる。たとえば、戦前から風光明媚な観光地として知られ、国立公園にも指定されている十和田湖に置かれた「乙女の像」（一九五三）は、地元の功労者の顕彰を目的として発案され、彫刻家の高村光太郎が制作したものである。また、横浜の観光スポットである山下公園に置かれた「赤い靴を履いていた女の子像」（一九七九）は、著名な詩人の野口雨情が歌詞をつけた童謡「赤い靴」をモチーフとしている。この像は、高さ七〇センチメートルほどの小さな作品だが、市民や観光客の間で高い人気があり、記念撮影の場として定着している。「横浜の埠頭《はとば》から　汽船《ふね》に乗って　異人さんに　連れられて　行っちゃった」という二番のフレーズは、眼前に永久係留された外航客船「氷川丸」の姿と相まって、銅像と設置場所との整合性を示すものとなっている。

むしろ、戦後において観光対象としての機能を発揮したのは、すでに戦前から存在していた歴史や明治維新にかかわる人物の像であろう。例として「西郷隆盛像」「坂本龍馬像」（一九二八）「伊達政宗像」[3]（一九三五）が挙げられる。いずれも、戦前までに偉人像としての評価はあったが、観光客のまなざしをさらに強化する要因が他にも考えられる。それは、テレビドラマ、とくにＮＨＫ大河ドラマの影響である。[4]

銅像のモデルは歴史上の実在する人物ではあるが、ドラマの作中では脚色や演出の加わった魅力的な人物として描かれる。文字情報に比して、具体的で視覚的なイメージをより強く訴求する映像メディアという性格と、配役の俳優の人気も影響し、放映時には歴史探訪の観光が増加する。銅像観光は、こうしたコンテンツ・ツーリズムの一部を構成している。ちなみに、一九六九年の「天と地と」の放映後には、武田信玄像が設置されている。当時は空前の「戦国武将ブーム」で、銅像の除幕式の日に開催された信玄公祭りには、県内外から一五万人もの観光客が訪れたという[5]。

さて、銅像の歴史的変遷に話を戻そう。一九六〇年代に入ると、地方自治体による銅像を含む彫刻設置事業が各地で次々と展開されるようになる。しかし、環境整備の一環に位置づけられ、「彫刻＝緑・花」という短絡的理解が生じてしまう。結果、作品を設置することが目的化され、のちの「彫刻公害」という言葉を生み出すことにつながった（竹田 一九九七：二四）。さらに一九七〇年代以降、抽象的なパブリック・アートが増えだしたが、やがて新鮮味を失い、一般市民には理解しがたい現代美術家の作品は敬遠されるようになった（楠見・南 二〇一七：八一）。かくして、既存の銅像のメッセージと市民の理解との乖離や不和という背景のもとに登場してきたのが、大衆的で親しみやすいアニメやマンガをモチーフとするキャラクター銅像である。

四　アニメキャラクター像の隆盛と観光：虚構の世界が生み出す現実

二〇〇〇年代に入ると、各地で人気のアニメやマンガのキャラクター銅像が設置されるようになる（銅像となったマンガ作品は、ほとんどがアニメ化もされていることから以下ではアニメキャラクター銅像と表記する）。楠見清と

[3] 一九四四年に銅鉄供出で失われるが、一九六四年に再建。
[4] 人気小説『竜馬がゆく』をはじめ、多くの歴史ドラマの原作となった司馬遼太郎の作品の影響も見落とせない。
[5] https://www.city.kofu.yamanashi.jp/senior/kameji/023.html（二〇二三年一〇月一二日最終確認）

南信長は、こうした銅像は、明治以降の近代化や修身教育にも、戦後の民主化や平和教育にも左右されることなく、出版やテレビ放送など民間マスメディアによって大衆性が投影された柔らかな国民的シンボルなのだという（楠見・南 二〇一七：八一）。

アニメキャラクター銅像がそれまでの銅像と異なるのは、台座がないか、あってもきわめて低くなったことである。人びとは、銅像を仰ぎ見るのではなく、対面したり横並びになったり、時として握手や肩を組むパフォーマンスも可能となった。また、カメラ付きの携帯電話やスマートフォンの普及によって、写真撮影とＳＮＳへの画像アップが観光の一つの目的になってきたが、銅像もその例外ではない。来訪の個人的な記録がネット上で流通し、互いに参照されることで、見るべき対象としてアニメキャラクター銅像が確立していくことになる。

そして、この銅像の大きな特徴は、目的が政治的なものではなく、多くがまちづくりや観光の推進に結びつけられていることだ。楠見らによると、まちづくり型の銅像は、まちのシンボルとして、駅前や公園など人びとの集まる場所に設置される。そしておもに自治体や商店会などの発案により、地域出身の原作者や、地域を舞台にした物語の主人公をモチーフとすることで、住民の地元意識や愛着を高めるという。

また、ツーリズム（観光）型の銅像は、新たな観光資源を創出するために、国民的人気キャラクターを担ぎ上げて実施されるまちづくり型の発展形である。原作者の記念館設立などと連動し、点在する名所を遊歩道で結ぶなど線的・面的な開発も行われるとしている（楠見・南 二〇一七：一〇）。わかりやすい例は、境港の「水木しげるロード」だろう。商店街の歩道に一七〇体を超える妖怪ブロンズ像が並び、水木しげる記念館やキャラクターグッズを扱う商店、飲食店、アトラクション施設、イベントなどによって、街全体で非日常性を演出し来訪者の欲求をかき立てている。

一般に、アニメ聖地巡礼は、作品中のシーンやストーリーを追体験するために、舞台となった現実の場所を探し求めるものである。しかし、アニメキャラクター像の場合、作者の出身地や居住地など関連のある場所に置かれることが多く、そこが聖地となる。こうした特徴とあいまって、作者ゆかりの地域が戦略的に銅像を設置し、それを用いた地元活性化のプロモーションを実施してきている。近年では地元市民、行政、制作会社などが連携して事業を展開する非常にシステマティックな事例もみられる。

たとえば、人気アニメ『進撃の巨人』の原作者、諫山創の出身地である大分県日田市では、市民有志によるプロジェクト『進撃の巨人 ｉｎ ＨＩＴＡ～進撃の日田～』が進行中である。日田市に出現した巨人を討伐する「スマホゲーム」の開発、初めて巨人が襲ってきた「はじまりの場所」を再現した「銅像プロジェクト」、「進撃の巨人 ｉｎ ＨＩＴＡ ミュージアム」の開設、「オフィシャルバスツアー」の催行、諫山にゆかりのある店や施設の紹介など、日田を回遊させるツールが数多く仕掛けられている（進撃の巨人 ｉｎ ＨＩＴＡ 二〇二三）。そこで注目されるのは、インターネットによる情報配信や、ＡＲ（拡張現実）を活用したゲームの提供など、デジタル技術を応用したメディアがきわめて重要なはたらきをしていることである。この例に限らず、架空の物語に登場するキャラクターを銅像という三次元で再現し、そこに現実の体験を付加して新たな地域の物語を構築する現象は、今後もさらに広がりをみせるものと考えられる。

五　結びにかえて

以上では、都市の銅像という文化事象の歴史的変遷に注目し、各種のメディアによって銅像の観光対象としての性格がどのように形づくられ、人びとはそれをどう解読してきたのかを駆け足でたどってみた。

ところで、冒頭に登場した「自由の女神」は、二〇〇一年に発生した同時多発テロ事件の影響で、安全のため王冠部分の展望台が一時期閉鎖されていた。アメリカを代表する観光対象は、強い政治性をも帯びており、国際的なテロの標的にもなりうることを示していよう。また、日本で駅前や市庁舎などの公共空間に造られた大量の裸婦像についても、性表現や性差別の観点から不適切とだとする見解が聞かれる。つまり、男性優位の視線の支配がジェンダーの観点から批判されているのである（若桑 一九九六）。

　このように、銅像は異なる複数の文脈からの解読が可能であり、時として人びとの対立や軋轢を象徴するものにさえなる。したがって、観光対象としての銅像も、単に人物や理想や物語を表現する文化や芸術のメディアとしてではなく、政治・経済・社会の多様な力学が働き、せめぎ合う場として捉える必要があるだろう。

【引用・参考文献】

アーリ、J・ラースン、J／加太宏邦［訳］（二〇一四）『観光のまなざし　増補改訂版』法政大学出版局（Urry, J. & Larsen, J. (2011) *The tourist gaze 3.0*, Sage.）
木下直之（二〇一四）『銅像時代——もうひとつの日本彫刻史』岩波書店
楠見清・南信長（二〇一七）『もにゅキャラ巡礼——銅像になったマンガ&アニメキャラたち』扶桑社
実業之日本社（一九一四）『東京案内』実業之日本社
高山陽子（二〇二二）「メディアとしての銅像」藤野陽平・奈良雅史・近藤祉秋［編］『モノとメディアの人類学』ナカニシヤ出版：二〇五-二一七頁
竹田直樹（一九九七）『日本の彫刻設置事業——モニュメントとパブリックアート』公人の友社
堀野正人（二〇一一）「観光における「真面目」と「遊び」［I］」『奈良県立大学研究季報』二二（一）：九七-一一二
柳澤有吾（二〇一七）『パブリックアートの現在——屋外彫刻からアートプロジェクトまで』かもがわ出版
ルオフ、K／木村剛久［訳］（二〇一〇）『紀元二千六百年——消費と観光のナショナリズム』朝日新聞出版
若桑みどり（一九九六）「都市における視線の支配——都市空間におかれた女性ヌード」井上俊・上野千鶴子・大沢真幸・見田宗介・吉見俊哉［編］『文学と芸術の社会学』岩波書店：一四五-一七八頁
進撃の巨人・ｉｎＨＩＴＡ「大分県日田市に巨人出現！」（二〇二三）〈https://shingeki-hita.com/index.html（二〇二三年一〇月五日最終確認）〉

第十三章　旅行雑誌のなかの植民地都市

『旅行満洲』はいかに新京を描いたか

千住一

一　はじめに

中国東北部にかつて「新京」と呼ばれる都市があった。この地で日本の傀儡国家たる「満洲国」の建国が宣言されたのは、一九三二年三月一日のことである。満洲国は長春を首都に定め、その名を新京に改めた。新京では急ピッチで開発が進められ、当時の用語を用いるならば「国都」としての体裁が矢継ぎ早に整えられていく。本章ではこうした急ごしらえの都市であった新京が、観光の促進を目的に制作されたメディア（以下、観光メディア）の一つである旅行雑誌において、どのように描写されていたのかを検討する。

『旅行満洲』は、「主として内地よりの人々に満洲への旅行趣味を与へ「満洲」を印象づけんとする」（旅行満洲一九三四：四三）ことを目的に一九三四年六月に創刊され、一九四四年九月に終刊した旅行雑誌である。発行元は、日本の国内外で旅行斡旋事業を行っていたジャパン・ツーリスト・ビューロー（以下、ビューロー）の大連支部である。ビューローは、鉄道院を中心に南満洲鉄道（以下、満鉄）、日本郵船、東洋汽船、帝国ホテルを発起人として一九一二年三月一二日に設立され、一一月一日には満鉄社内に大連支部を開設している。こうした経緯もあり、ビューロー大連支部と満鉄は深い関係にあったといわれる。

創刊当初の『旅行満洲』は隔月発行だったものの、一九三六年三月号から月刊化し、一九三九年にはピークの八万部強を発行するに至る。また、月刊化を契機に全発行部数に占める販売部数の割合が八割を超えるようになり、機関誌から商業誌へと性格を変化させていった（高二〇一九：八‐九）。なお、一九三八年四月号から『観光東亜』に、一九四三年七月号から『旅行雑誌』にそれぞれ改題されるが、本章では出典を除いて表記を『旅行満洲』に統一する。

二　長春から新京へ

日露戦争の経過を踏まえ、一九〇五年九月五日に締結されたポーツマス条約により、日本は長春と旅順のあいだの東清鉄道に関する権利をロシアから獲得した。一九〇六年一一月二六日、日本は手に入れた鉄道を経営するために国策企業として満鉄を設立し、以降は満鉄を介して中国東北部の開発を進めていく。しかし、一九三一年九月一八日に発生した柳条湖事件を契機に日本は中国東北部における占領地域を拡大し、すでに述べたように一九三二年三月一日には満洲国の建国が宣言される。

後に新京となる長春は、上記のとおり日露戦争で日本が獲得した東清鉄道の北端に位置していた。一九〇九年に満鉄経営のヤマトホテルが竣工するなど、長春ではある程度の都市開発が行われたものの、一九三二年の時点で人口約一三万人の中規模都市に過ぎなかった。それが満洲国の国都に選定されてからは、国都建設局の設置や国都建設計画法の公布などを背景に急速な都市化が進められ、五年後の一九三七年には人口約三三万人を擁するに至る。越澤明は、奉天や哈爾浜《ハルビン》などの大規模都市でなく「ローカル都市」でしかなかった長春が国都とされた理由の一つとして、「首都建設を通して満州《ママ》国という新しい国家の成立を内外に宣伝する政治的効果」（越澤二〇〇二：一一九）を指摘する。政治的に演出された都市として新京は、一九三七年までに幹線道路、基幹公園、上下水道、主要公共建築などを整備し、その後も拡大を続けながら、一九四二年には人口が六五万人を突破する。

三　新京へのまなざし

荒山正彦は、このように整備が続く新京に対して向けられた「観光のまなざし」について明らかにしている。たとえば、一九三六年頃から運行が始まった新京駅前発の「遊覧バス」に着目し、一九一五年に長春神社として創建された新京神社、一九三四年に竣工した主に日露戦争での日本人死者を祀る忠霊塔、満洲国国務院に代表される近代的な建築群、オフィスビルが建ち並ぶ目抜き通りたる大同大街などを約三時間かけてバスが遊覧したことを指摘する（図13-1）。こうしたルートでは、「日本や日本人にとっての精神的な絆を示すような場所」と「近代的な都市の相貌をかいまみる場所」といった二つの側面が強調されており、これこそが観光において表出する「「満洲国」成立後に大規模な都市建設がはじまった新京のイメージにほかならない」（荒山 二〇〇三：一七九）。

また荒山は、一九三五年に満鉄が発行した観光リーフレットにも注目する。そこには新京の概要、見所、市街地図、国都建設計画の解説に加え、近代的な建造物、造成される都市景観、戦跡の記念碑などを撮影したモ

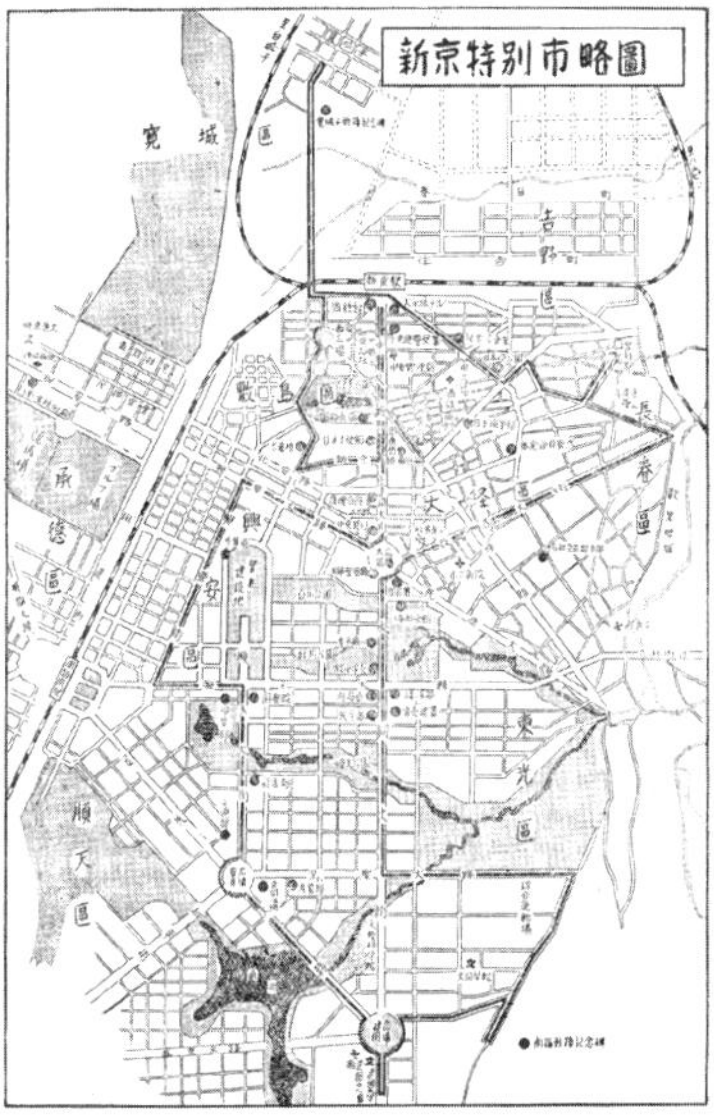

図 13-1　新京の概略図[1]（財団法人東亜旅行社（1943）『東亜旅行叢書 第28輯 満洲』：58頁）

［1］図の中央上部が新京駅。そこから大同大街が下方に伸びている。

ノクロ写真一四点が掲載されており、遊覧バスの行程から導き出される新京イメージと同様、リーフレットという観光メディアにおいても日本との関係性と近代的な都市景観という新京の二面性が看取されるという（荒山 二〇〇八）。

四　『旅行満洲』が描く新京

四-一　グラフ記事

それでは、観光メディアとしての旅行雑誌『旅行満洲』は、新京という都市をいかなるかたちで読者に提示したのであろうか。

まず、各号の巻頭を飾っていた「特集グラフ」からみていこう。ここに掲載されるグラフ記事は、写真と短文を用いて満洲国のさまざまな場面を紹介するのが常であったが、たとえば一九三七年六月号は、「国都新京」や「国都の偉容」と題して忠霊塔に向かって拝礼する人びと（図13-2）、司法部、国務院、関東軍司令部などの公的な建物、近代的なオフィスビルが連なる大同大街の写真とともに次のような文章を載せている。「世界の驚異を尻目に、偉大なる明日への希望を膨らませて奏でられる創造と建設の快調譜」、「日満新大陸文化綜合の使命と栄誉をになつて、政治に、文化に、生活に、覇者の誉を目さして躍進する国都の魅力」（旅行満洲 一九三七：三）。

また、一九三八年一〇月号の特集グラフでは、荒山が着目した遊覧バス（図13-3）が取り上げられる。「国都の観光」というタイトルがつけられたこのグラフ記事では、以下の文章を添えて新京市街を走るバスと遊覧場所の写真が紹介されている。

図 13-2　忠霊塔に向かって拝礼する人びと
（「国都新京」『旅行満洲』第4巻第6号：1頁）

けふの華かな新京の姿が、明日はまた変つた新装に輝く。日毎に矗々とのびて行く国都には底知れぬ発育力が蓄へられてゐる。栄え行く街の外貌を新京自慢の新型バス〝黄竜〟に乗つて巡つてみやう。（旅行満洲　一九三八：八）

これらのグラフ記事では、荒山が明らかにした「日本や日本人にとっての精神的な絆を示すような場所」と「近代的な都市の相貌をかいまみる場所」という新京の二面性が同様に提示されたといえる。特に後者の都市景観に関しては、「使命と栄誉」を背景に、「覇者」を目指して日々その姿を更新していく開発の力強さとスピード感が強調されており、そうした新京の動態を実感するための有効な手段として遊覧バスが位置づけられていることがわかる。

四-二　エッセー

次に、新京をテーマに執筆されたエッセーを取り上げる。『旅行満洲』にはそうしたエッセーが多数掲載されているが、ここでは一九三七年六月号の小特集「新京随筆」に所収された二編のエッセーに着目する。第一が、天野光太郎という人物による「消えて行く長春」である。「新京は成長する」という書き出しで始まるこのエッセーは、以下のように続く。

去年の新京と、今年の新京はまるで違つてゐる。五年前の、否三年前の旅行者が、今の新京を想像しても、恐らく正しい概念は得られないであらう。［…］遠く遡つて日露戦役前直後の長春の姿を、此国都新京から求むることは、最早不可能である。（天野　一九三七：三七）

図13-3　新京市街を走る遊覧バス
（「国都の観光」『旅行満洲』第5巻第10号：8頁）

あるいは天野は、新京における都市化のスピードを「坦々たる大道を走る自動車」に例えつつ、長春のそれは「裸馬に飛び乗つて広野を駆けるにも似てゐた」とも書く。急激な速度で新京に上書きされていく長春の姿を惜しむ天野は、「恐らく十年、十五年の後再び長春を語る人はなくなるであらう」とエッセーを結ぶ（天野 一九三七：三九）。

第二が、脇田宏という人物による「長春ッ児の記憶」である。タイトルのとおり、長春で生まれ育った脇田が幼少時代の思い出を綴ったものであり、何もなかった郊外に高層建築が立ち並び、寂れた裏町がネオン輝く繁華街になり、かつて遊んだ公園が立派に整備された新京の様子が書き留められる。一旦は長春を離れたものの最近になって新京に戻ってきた脇田は、市街を歩いた際に覚えた感情をこう吐露する。「見違へる様に変つたと云つても街を歩くと昔のまゝの所が少なくない。古い建物を見て僕はやはり懐かしいのだが、その反面にこんな汚い家は早く潰して終へば良いなんて、妙に矛盾した気持ちになる」（脇田 一九三七：四一）。

これらのエッセーでは、新京の出現に伴ってもはや過去の存在になったはずの長春が前景化している。前者の天野は、数十年かけて成熟していった長春のありようが急速な都市開発によって破壊されていく様を悲観的に嘆き、後者の脇田は、長春と新京のあいだで文字どおり揺れ動く自身の姿を主題化する。これらのエッセーから看取されるのは、国都として躍進する新京には似つかわしくない、長春という過去へのノスタルジーである。

四-三　漫　画

最後に、新京の日常を題材にした漫画を取り上げたい。漫画といっても複雑なコマ割りが複数ページにわたる現代的なマンガでなく、一枚の絵と短文で構成された風刺画的な色彩の強いものである。『旅行満洲』にはそうした漫画が頻繁に登場するが、ここでは二つの作品に着目する。

第一が、一九三七年一〇月号に掲載された「純東京式「支那そば」」である（図13-4）。この漫画の趣旨はこうだ。夏が終わって新京の夜もだんだん涼しくなってきた。そろそろ妻から冬用の毛皮をねだられることを考えると、せっかくの酔いも覚めてしまう。そうした時に、「湯気だつ支那そばを、然も純東京支那そばを一杯やれば何となしに気も落ちついて眠れるさうだ」（今井 一九三七：七九）。この漫画の要点は妻からの要求に怯える夫の姿であろうが、かつて中国から日本にもたらされた「支那そば」が、今度は「純東京支那そば」として新京に逆輸入され住民の心を癒やす存在になっている、という情景も読み取れる。あわせて読者は、国都となって開発が進む新京には多くの日本人が暮らし、なかでも東京出身者が一定の割合を占めているだろうことをうかがい知る。

第二が、一九四〇年九月号に掲載された「食堂新道」である（図13-5）。この漫画では、華々しい都市景観の裏側ともいえる路地裏の芝居小屋周辺に密集する食堂が取り上げられる。お世辞にも清潔ではないものの、そこに集う中国人たちの活気がこの漫画の主題となっており、その様子は以下のように綴られる。「この芝居小屋の界隈は東京で言つたら、さしづめ浅草だ。［…］その食欲と満足に於て浅草に匹敵するといふのである」（阪本 一九四〇：一二〇）。

これらの漫画に共通するのが、「東京」という異なる都市を引き合いに出しながら新京の日常を理解しようとする視線である。すでに確認したように、荒山は日本との関係性から新京に向けられたイメージを明らかにしたが、これらの漫画では、日本よりもミクロかつ具体的な存在である東京という都市が新京を理解するための手がかりとして設定されている。新京に暮らす住民だけでなく路地裏までもが東京との関係性において位置づけられるこうした状況からは、新京に先行し新京を先導する都市としての東京が浮き彫りにされよう。ここに、満

図 13-4　「純東京式「支那そば」」の挿絵　（今井（1937）「国都漫信」『旅行満洲』第 4 巻第 10 号：79 頁）

洲国の国都新京と満洲国の後ろ楯である日本の帝都東京の非対称的な関係、すなわち新京に対する東京の優位性がみてとれるとしたら言い過ぎであろうか。

五　おわりに

　このように、『旅行満洲』はグラフ記事、エッセー、漫画といった多様な表現形態を用いながら、読者に対して新京という都市のありようを提示した。これまでの議論を改めて整理すると、グラフ記事においては、荒山が明らかにした新京をめぐる「日本や日本人にとっての精神的な絆を示すような場所」「近代的な都市の相貌をかいまみる場所」という二面的なイメージが再生産されていることを確認した。他方、エッセーにおいては、急激な都市開発の反作用ともいえるノスタルジックな視線の存在が明らかにされた。そして、漫画においては、地理的には遠く離れているはずの東京というフィルターを通して、新京の日常風景が意味づけられていたことがわかった。

　つまり、満洲国の国都として急速な開発に直面していた新京は、『旅行満洲』のなかで「日本や日本人にとっての精神的な絆を示すような場所」や「近代的な都市の相貌をかいまみる場所」としてだけでなく、その前身たる長春との連続性のなかに定置される場所として、さらには、満洲国の後見的存在であった日本の帝都東京を介して把握される場所として表象されたのである。そしてそうした認識の背景には、『旅行満洲』の主な読者として想定されていた

図 13-5 「食堂新道」の挿絵（阪本（1940）「新京漫画案内」『観光東亜』第 7 巻第 9 号：120 頁）

「内地」における潜在的なツーリストが存在する。荒山が俎上に載せた遊覧バスや観光リーフレットよりも新京という都市を多層的に描き出した『旅行満洲』のありようからは、観光メディアとしての旅行雑誌が有する特性もまた導出される。

なお、日本が戦争に敗れ満洲国も解体されると、新京の名は再び長春に改められた。

【引用・参考文献】

天野光太郎（一九三七）「消えて行く長春」『旅行満洲』四（六）：三七‐三九

荒山正彦（二〇〇三）「満洲観光の軌跡――20世紀前半期における中国へのまなざし」阪倉篤秀［編］『さまざまな角度からの中国論』晃洋書房：一六七‐一八二頁

荒山正彦（二〇〇八）「第九章　リーフレットからみる満洲ツーリズム」中西僚太郎・関戸明子［編］『近代日本の視覚的経験――絵地図と古写真の世界』ナカニシヤ出版：一六三‐一八一頁

今井一郎（一九三七）「国都漫信」『旅行満洲』四（一〇）：七八‐七九

高媛（二〇一九）「満洲国時代の旅行文化の一断面――『旅行満洲』を読む」：高媛・田島奈都子・岩間一弘『『旅行満洲』解説・総目次・索引』不二出版：五‐四五頁

越澤明（二〇〇二）『満州国の首都計画』筑摩書房

阪本牙城（一九四〇）「新京漫画案内」『観光東亜』（七）九：一二〇‐一二一

旅行満洲（一九三四）「編輯のあとに」『旅行満洲』一（一）：四三

旅行満洲（一九三七）「国都の偉容」『旅行満洲』四（六）：二‐三

旅行満洲（一九三八）「国都の観光」『旅行満洲』五（一〇）：七‐八

脇田宏（一九三七）「長春ッ児の記憶」『旅行満洲』四（六）：四一‐四四

第十四章　メディアによるバックパッカーズタウンの創造

タイ・バンコク・カオサンの定点観測

新井克弥

一　安宿街とバックパッキング

バックパッカーという言葉から一般にイメージされるのは「資本によるお仕着せを拒否し、フリーハンドで旅する旅行者。とりわけ海外、しかもアジアを中心に比較的長期に渡って旅する若者」といったところだろうか。

だが、あちこちを旅するといっても、彼らがベースキャンプとして位置づけるエリアがあり、これらは安宿街、いわゆるバックパッカーズタウンと呼ばれている。そこには安価なゲストハウス、旅行代理店、食堂など、バックパッカーの旅をバックアップするインフラストラクチャーが整っている。

なかでも世界最大の安宿街がタイ・バンコク・王宮北に位置するカオサン通り一帯である。一九七〇年代以降、バンコクはバックパッカーにとって「アジア旅行の拠点」と認識されてきた。現在では「まずカオサンにやって来て、そこから次の場所をめざし、再びここに戻り帰国する」というスタイルが多く見受けられる。

筆者は四〇年以上にわたってこの街の変貌を目撃してきた。とりわけ一九九五年からは、この地を調査のフィールドとしてほとんど毎年足を運んでいる。興味深いのは、カオサンがこの数十年の間に全くといってよいほど異なる空間へと変貌を遂げたことである。そして、その変貌は「メディア」と「カオサンという空間」の相互作用によって生じたものだ。本章ではメディアとの関わりを基調に、この安宿街がどのように発展、変貌していったのかを素描してみたい[1]。

二　インターネット登場以前のカオサン

二―一　口コミから始まった安宿街

東西三〇〇メートルほどのカオサン通りは、北のデパート群（現在は一店舗を残すのみ）が建ち並ぶバンランプー地区と南の王宮エリアに挟まれている。一九八二年、筆者は偶然、この地に足を踏み入れた。王宮観光からの帰り、たまたま迷い込んだのだ。だが、その時には安宿街といった印象はいっさいなかった。「カオ＝米」という名が示すように、ここは米問屋が建ち並ぶ「ちょいといい感じの下町」だったのである。

当時、バンコクの安宿街といえば、ムエタイスタジアムで有名なルンピニ地区にあるマレーシアホテル周辺とバンコク中央駅周辺だった。前者は空港のインフォメーションが紹介する最も格安なホテルで、欧米のバックパッカーはまずこのホテルに宿泊し、翌日からは周辺の安価なゲストハウスへと移動するのが一般的だった。一方、中央駅周辺には低廉な旅社[2]街があり、空港から駅にたどり着いた日本人バックパッカーが駅最寄りであるここに投宿したのである。

ただし、空港が紹介した格安ホテルがもう一つあった。それがカオサン北を並行して走るランプトリ通りに位置するビエンタイホテルだった。ここはすぐ横がチャオプラヤ（メコン）川で、暁の寺や王宮にも近く、観光のロケーションとしては利便性の高いところだった。ただし、難点もあった。ホテルの近くにはマレーシアホテル周辺のような安宿がなかったのである。

ある日、外国人観光客（当時は欧米系のみ）に興味を抱いたビエンタイホテルの従業員がこれに目をつけ、カオサンにある自宅へと招き入れた。これが定番化し一九七八年、カオサン通り（実際にはカオサンから入った辻にある）

第一号のゲストハウス、Bonny Guest House がオープンする。そして、これを見た周辺の家が同様に、自宅開放型の宿を営業しはじめたのだ。ただしこれらの存在は、ビエンタイに投宿した観光客の口コミでしか知られることはなかった。

二―二　「聖地・カオサン」の誕生：街の変貌を後押ししたアナログ・マスメディア

一九八〇年代に入ると、日本では大都市圏に住む大学生のあいだで海外バックパッキングが流行りはじめる。これを後押ししたのが、当時はバックパッカー向けガイドブックであった『地球の歩き方』と格安航空券の登場だった。そしてこれら二つがやがて海外バックパッキングの敷居を大幅に下げていくことになる。

『地球の歩き方・タイ編』が発行されたのは一九八五年のことである。だが、そこでバンコク安宿街の紹介はマレーシアホテルおよび中央駅周辺がメインで、カオサンについての記述は半ページ程度しかない。エリアの紹介も「カオサン」ではなく「民主記念塔周辺のゲストハウス」となっており、「あまり知られていないが、民主記念塔の北西、カオ・サン通りの周辺にお手頃なゲストハウスがあり、アメリカ人やドイツ人のバックパッカーたちでにぎわっている」[3]といった記述に限定されていた。それゆえ、当時のバックパッカーたちは、エリア記述が大きくさかれていた前述の二つのエリアに集中していた。この状況はこの後も続き、八八年、八九年に筆者が訪れた際にも、通りにはポツ

［1］本章におけるカオサンに関する記述のほとんどは、筆者の三〇年以上にわたる計三〇回の現地調査にもとづいたものである。

［2］中国、東南アジアの中華街などにある簡易ホテルで、主たる用途はビジネスユースである。一般のホテルに比べ設備は質素だが、宿泊料金はゲストハウスと同等なため、八〇～九〇年代にかけてバックパッカーに人気があった。簡易といってもバストイレつきで、ゲストハウスよりもコストパフォーマンスに優れていた。

［3］『地球の歩き方　タイ編86～87』（地球の歩き方編集室　一九八五：一八四）

ポツとゲストハウスがあり、バックパッカーたちが路上でタムロしている状態で、夜ともなれば街は暗闇に包まれ、犬がうろついているというありさまだった。

しかし、九〇年代に入り状況は一変する。一九八五年のプラザ合意がもたらした急激な円高進行による海外旅行人気の高まりとともに、アジアそしてバンコクを訪れるバックパッカーも急増したのだ。また、バックパッカー向け旅行ガイド（『地球の歩き方』や *Lonely Planet*）も、バンコク安宿街の紹介の中心をカオサンへとシフトした[4]。これによって、安宿街の趨勢が変化する。マレーシアホテル周辺に投宿していた欧米人も、中央駅周辺の旅社に投宿していた日本人も、カオサンへと集結するようになったのだ。それに伴い一九九五年一〇月、中央駅西、中華街に位置し、日本人の定番宿であった大型旅社ジュライホテルは営業を停止した[5]。

この頃、カオサンに大きな変化が訪れる。まず、ゲストハウスが通りに乱立しはじめたことが挙げられる。ゲストハウスといってもそれまでの家族経営的なものだけでなく、企業によるちょっとしたホテル仕様（朝食、プール、ジム付き）のものも次々と営業を開始した[6]。通りにはバックパッカーをあて込んだ旅行代理店、レストラン、バー、両替屋、土産物屋、仕立屋が建ち並び、九〇年代後半にはコンビニ、ファーストフードレストラン（McDonald's、ＫＦＣ、SUBWAYなど）、そしてマッサージ屋までオープンするようになる。午後には食べ物屋台やＴシャツ、土産物の露店も通りの両脇を敷き詰めるようになり、夜ともなると通りはさながら縁日の屋台群の様相を呈しはじめ、旅行者でごった返すようになった。カオサンはマスメディアやガイドブックの媒介によって街を変貌させはじめたのである。賑わいはカオサン通りの東西と北に拡大し、一キロ四方に及ぶ一群の「カオサン地区」を形成するようにすらなっていった。

これを後押したのがアナログなメディア環境だった。前述のように、情報入手はガイドブックが中心で、それ以外はゲストハウスに置かれていた旅行者の寄せ書き、すなわち「旅の情報ノート」と口コミだった[7]。家族や知人への連絡は手紙、はがき、電話に限定されていた。郵便事情がまだ発達していなかったため、前者二つについては、出したのはよいが、いつ届くのかわからない（配達されないこともしばしばだった）、後者については国際電話が使われたが、料金が高額なため、利用は現実的ではなかった。使用時には横に置いてあるストップウォッチを睨みながら料金をチェックする、あるいはコレクトコールで相手方（親など）に料金を支払わせるのが一般的であった。ちなみに旅先で知りあった旅行者たちとは、再会の約束を取り付けること以外には、文字通り「一期一会」の出会いだった。

また、日本人旅行者はその多くが「日本人宿」[8]と呼ばれるゲストハウスへの宿泊を選択した。ここに来れば、口コミの情報と旅の情報ノートにありつくことができたからである（日本語環境に飢えていることもあった）。ゲストハウスのなかには日本食レストランを併設しているところもあり、日本でなじんだ味に親しむ場所として、そして情報交換の場所として機能していた。

九〇年代後半、日本でのバックパッキングブーム（沢木耕太郎の小説『深夜特急』や下川裕治の『１２万円で世界を歩く』、あるいは小林紀晴の『ASIAN JAPANESE』などのバックパッキング本の流行、日本テレビ番組『電波少年』の「猿岩石ユーラシア大陸横断ヒッチハイク企画」の大ヒットなど）の発生によって、カオサンには空前の数の日本人が訪れるようになる。[9]これに乗じてカオサンの街並みには日本人相手に特化したダイビングショップ（スパイスダ

---

［4］『地球の歩き方　タイ編94～95』（地球の歩き方編集室 一九八五）では、カオサンエリアのゲストハウス紹介は三ページまでに増加している。一方、マレーシアホテル周辺とチャイナタウンのホテルは一ページへと縮小している。

［5］旅行作家の下川裕治は、旅行本のデビュー作『１２万円で世界を歩く』（一九九〇）のなかで、真っ先にこのゲストハウスを取りあげていた。

［6］一例としては、現在カオサン通りのランドマーク的存在となっているD&D Inn（九六年開業）があげられる。

［7］筆者がカオサンで行った九六年のアンケート調査では、ガイドブック所持率は九〇・六％であった。さらにそのうち『地球の歩き方・タイ編』および『地球の歩き方・バンコク編』の所持率は七八・二％であった。

［8］タイ・ゲストハウス、トラベラーズ・ロッジ、サクラ・ゲストハウス、テラスハウスなどがあったが、現在はすべて営業を終えている（新井 二〇〇一）。

［9］前述の日本人相手に行ったアンケート調査では一日に一〇〇票を回収することすら可能だった（新井 二〇〇一）。

イブ）、日本料理店（竹亭）、ラーメン屋（レックさんラーメン）などもオープンした。

こうしてカオサンは世界一の規模を誇るバックパッカーズタウンへと変貌した。だが、この変貌は思わぬ客を迎え入れることにもなる。

二-三　テーマパークカオサンの出現

カオサンには世界各国からバックパッカーが訪れる。その多くはタイ語で〝ファラン〟と呼ばれる欧米系白人である。日本人も含め、アジア人には欧米人へのステレオタイプとして「白人＝オシャレ」といったイメージがあるが、タイ人の若者にとってもこれは例外ではない。それゆえ、白人が徘徊するカオサンは魅力的な場所として認識されるようになる。その結果、夕暮れ時ともなるとカオサンの賑わいとファラン見たさにタイ人若者たちがカオサンに繰り出し、夜には通りを埋め尽くすようになった。ただし、通りで売られている商品は、いわば「旅行者向け」のものである。それは安くはないし、食べ物もオーセンティックなものとは異なる。そこで彼らタイ人は、一つ北を並行して走るランブトリ通りに出ていた安価なタイ人向け屋台で食事にありつくことになる。そこで売られていたのは、イサーン料理と呼ばれるガイヤーン（鳥のもも焼き）やソムタム（パパイヤサラダ）など、タイ東北地方の料理であった。また、そこでは芋虫やタガメなどの虫も食用として販売していた。後者はグロテスクすぎたため、もちろん旅行者たちが口にすることはなかった。

九八年八月、筆者はカオサン通りでタイのトレンディドラマのロケに遭遇した。典型的な恋愛もので、男性俳優はバックパックを背負っており、クレーンカメラを使用しての大がかりな撮影だった。カオサンはファッショナブルでインターナショナルなテーマパーク的空間として、ツーリストに加えてタイ人若者たちにも認知されるようになったのである。

三　デジタル＝インターネット環境の出現

九六年、カオサンに初めてネットカフェがオープンする。ただし当初利用料金は高額で、なおかつ電話回線を用いるダイヤルアップによる接続のため、スピードはきわめて遅かった。それゆえインターネット利用は専らメールの送受信とＩＰ電話に限られた。前者の使い方はまずメールをオフラインで執筆し、オンラインにした瞬間、すばやくメールの出し入れを行い、料金を節約するというやり方が一般的であった。ＩＰ電話の方はこれまでの国際電話に比べれば価格は格安だが、しかしそれでもバックパッカーにとっては高額で、用件だけをやり取りする程度だった。しかも接続はかならずしもよくはなかった。それでもあっという間に人気に火がつき、通りにはネットカフェが建ち並ぶようになる。

　二〇〇〇年に入ると、カオサンのインターネットをめぐるインフラは徐々に改善されていく。ターニングポイントはＷｉ－Ｆｉがあちこちに配備されるようになったことである。まずネットカフェが高速回線のＷｉ－Ｆｉサービスを提供しはじめた。ゲストハウスも当初こそ有線でインターネット接続が可能なパソコン利用を有料で提供していたが、やがて無料化され、さらにＷｉ－Ｆｉを設置し、ゲストハウスのパブリックスペースで利用するという使い方が定着した。

　回線の高速化はバックパッキングにおけるインターネットの利用法を変えていくことになる。それまではメールのやり取りだけであったのが、ネット

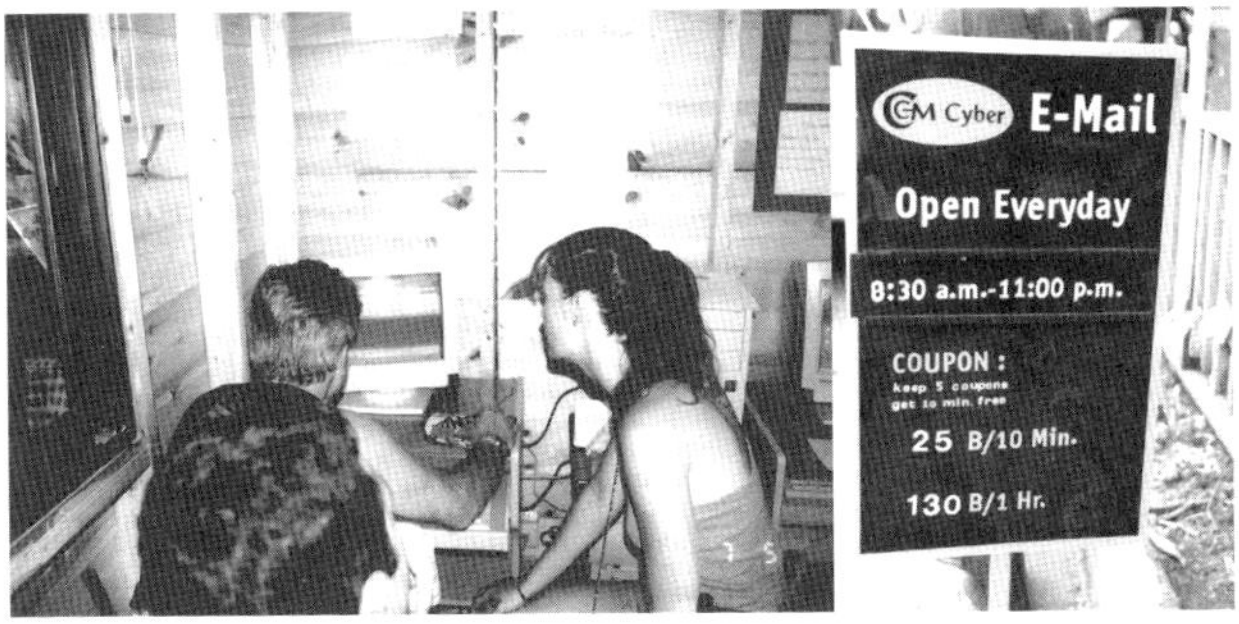

図14-1　カオサンにあったネットカフェ（1998年）。
料金10分25バーツとかなり高い。

ブラウザ閲覧による旅の情報入手、さらにはヒマつぶしさえ可能になったのだ。二〇〇七年、小型軽量でネット接続を基本機能とする安価なパソコンであるネットブックが登場すると、バックパッカーのなかにはこれを携帯する者が出現しはじめる。パブリックスペースやカフェでネットサーフィンするという新たなスタイルが誕生したのである。これに伴い、それまで旅の必携ツールであったガイドブックを持ち歩かない者も出現した。最新の旅情報はインターネット経由で入手し、知りあった旅行者ともインターネットを通じて情報交換を行いはじめたのである。必然的に、ゲストハウスにおける他の旅行者との旅の情報交換は減少した。もはやネットで調べた方が簡単であることを誰もが認識するようになっていたのである。そして、その役目を失った日本人ゲストハウスはカオサンの中心エリアから消滅していった。

四　スマホとＳＮＳの登場以後のカオサン

四‐一　ネットカフェの消滅

カオサンの空間変貌に拍車をかけたのは、二〇〇八年のスマートフォン（以下スマホ）の出現と、その後に普及したＳＮＳの存在である。カオサン通りにはあちこちにＷｉ‐Ｆｉの電波が飛び交うようになった。カフェ、レストラン、ゲストハウスのパブリックスペース……。もはやどこへ行ってもＷｉ‐Ｆｉ接続は無料になった。接続のためにバックパッカーたちが携帯する端末も、次第にパソコンやネットブックではなくスマホへと変わっていった。接続可能なエリアはさらにゲストハウスの個室にまで拡大した。彼らはパブリックスペースではなくゲストハウスの自室で、日本の自室にいるのと同じ環境でネットに接するようになる。さらに、スマホのＳＩＭフリー化によってインターネットや空港でＳＩＭを購入し、これをスマホに差し込むことでカオサン通り沿い、もっといえばタイのどこでも接続可能な環境が出現する。

これによって情報収集に関するほとんどすべてが、スマホのウェブサイトとアプリに集約されるようになる。旅情報は旅行取りまとめサイト・トリップアドバイザーやSNSのグループ、旧Twitter（現X）で、航空券は航空券比較アプリ・スカイスキャナーで、位置確認はGoogleマップで、宿泊はagodaのようなホテル予約サイト（ゲストハウスすら、ここから予約可能になった）で、タクシー配車はGrabでといった具合に、旅の一部始終がスマホで完結するようになったのである。それだけではない。スマホを通じて常に日本と接続することで、自国の日常と同じ生活環境を旅先で瞬時に実現できるようにもなったのだ。いわば「非日常の日常化」「非日常への日常の持ち込み」という状況である。二〇一〇年代半ばになると、たとえばバックパッカーがヒマつぶしに「カオサン、なう！」と知人に向けて旧Twitter上でつぶやくのは、もはやあたりまえになった。当然、スマホはバックパッカーにとっては必携のデジタルメディアとなった。だがこれによって、それまでカオサンの街を彩ってきた店舗が消滅していく。ネットカフェは二〇〇〇年代後半から減少し、二〇一六年には通りにはゼロに、二〇二三年時点でカオサンエリア全体から消滅したのである。

四‐二　規格化・デジタル化された聖地の誕生

二〇一〇年以降になると、カオサン空間のあちこちでスクラップ・アンド・ビルドが発生する。まず、二〇一三年、カオサン南側を並行して流れ、通称ツーリストウォークウェイと呼ばれたダム・ヌン・クラン・ヌアという小道の店舗（学祭ブース程度の店が軒をなしていた）がすべて撤去された。カオサン通りの家族経営のこぢんまりとしたレストランも激減し、ゲストハウスにいたってはすべて消滅した。それに代わって出現したのは、ホテル仕様の収容施設、または大型のクラブやレストラン、さらにはガラス貼りのマッサージパーラーなどであった。これらはいずれも企業による経営となっている。以前は多数存在した銀製品店、インド人経営のテーラーもほとんど姿を消した。かつて通り中央南側に延々と続いていたアユタヤ式平屋の長屋も解体された。おもしろいのはその後、ここの一部に新たに建設されたのがほぼ同じ様式の長屋だったことである。ようするに、それは「かつてのカオサン」を彷彿とさせるようなデザインにあえてこだわった、オリジナルと模倣の区別がつかなくなるようなハイパーリアルな建物だともいえる。しかしながら、そこにあるのはバーやカフェ、ファッションを扱うショップになった。

二〇〇〇年以降、日本におけるバックパッキングブームの衰退とともにカオサンを訪れる日本人バックパッカーは激減していく。ここで一九九三年から日本人相手に旅行代理店を経営し、チケットやツアーの手配などでバックパッカーに人気を博していたＭ・Ｐツアーも顧客をインターネットとスマホに奪われ、二〇一二年の一月に夜逃げという形でカオサンから消えた[10]。それ以降、旅行代理店は次々と店を畳み、旅行会社の運営する派出所的なもの以外はほとんど消滅する。

しかし、カオサン自体は廃れるどころか、さらなる賑わいをみせていく。ここを訪れるのは日本人以外のバックパッカー（欧米やオセアニア、韓国）、地元の若者たちだ。さらに、そこにはパックツアーの日本人旅行客までも含まれている。こうした旅行者は、チケットとホテルのみを組み合わせた「スケルトンツアー」でバンコクを訪れ、東京の新宿や渋谷に該当するサイアムスクウェアやスクムビットなどの繁華街にある豪華なホテルに宿泊している。つまり、彼らはカオサンを観光地の一つとして見学に訪れたのである。二〇一三年には、このエリアでＦ１レース開催の企画が立ち上がったほどだった[11]。それほどまでにカオサンは、バンコクで指折りの観光名所となったのである[12]。

一方、タイも経済成長を遂げた結果、カオサンは日本の原宿や六本木的な色彩を帯びたファッショナブルな空間との認識がタイの若者たちの間で一般化していく。可処分所得を増大させたタイの若者たちがカオサン通りを歩くことに、もはや躊躇はない。そしてイサーン料理や食用の虫を販売する屋台もカオサン通りに堂々と店を広げるようになった。ただしその意味づけは変わっている。たとえば、かつてバックパッカーにはちょっと気が引けた食用の虫は、今やカオサンを彩るアトラクションとして旅行者たちにも人気となっているのである。旅行者たちはカオサンにやって来て虫を購入し、口に運んだ自分の姿をＳＮＳにアップするのである。これを見込んで価格も数倍に跳ね上がった。

虫を売る側も心得たもので、屋台の前には「撮影一〇バーツ」などと掲示されたボードが貼られている。こんなものが人気を得るのはもちろんインターネットの旅行サイトやSNSで拡散されたからに他ならない。

五　新型コロナウイルスの流行がもたらすカオサンの新しい未来

この喧噪が二〇二〇年春、コロナ禍の出現によってストップする。カオサンから旅行者が消えたのである。だが、その後をにらんで通りは整備が行われた。典型は通りの両端にあった歩道を取り払い、通りのなかほどに上下式リフター（ポール）を設置したことだ。屋台の数と車の通行を制限するのがねらいである。この機を利用して、カオサンをクリーンな空間にしようとする目論見だったのだろうか。だが、新型コロナウイルス感染症による制限が取り払われると、こうした対策はさして功を奏さなかったことが明らかになる。

二〇〇六年、筆者が引率した学生たちが通りの西端から東端までどのくらいで走りきることができるのかを測定したことがある。その時点で通りを走ることはすでに不可能だった。

図14-2　左：カオサン東側に位置するホテル Buddy Lodge 1F はマクドナルドとマリファナモールが同居する。右：人でごった返すカオサン（2023年3月）

[10] 経営者の森浩一氏が体調を崩したという理由もあったが、森氏はすでに二〇〇五年頃から客の減少を嘆いていた。

[11] カオサン南のラチャダムヌンクラン（大通り）がパドックになる予定だった。

[12] 現在、東京には「カオサン」の名を冠したゲストハウスやレストランがいくつか存在する。

新型コロナウイルス感染症による制限が緩められた二〇二三年三月、筆者は三年半ぶりにカオサンを訪れたが、通りはすっかりかつての勢いを取り戻していた。通りをびっしりと埋め尽くす縁日のような屋台群の広がりは「カオスと化した状況」という表現がぴったりくるような風景だった。夜ともなると通りはさながら巨大なクラブと化す。あちこちのバー、クラブのスピーカーから爆音が響き、通行者は互いの会話ができないほどである。この喧噪は深夜まで続くので、通り沿いにあるホテルの通路側に宿泊などしたら、眠ることはまずできない。当然、通りは走れないどころか、歩こうとしても、ほとんど牛歩状態となっている。

二〇二二年六月、タイ政府はマリファナを規制薬物のリストから除外した。この変更もまた、カオサンの様相を変貌させる要因となっている。解禁によって「タイ＝マリファナをやってみるところ」という認識を、一部のバックパッカーたちが抱きはじめたのだ。こうしたニーズにカオサンは柔軟かつ迅速に対応した。今度はファーストフードレストラン、カフェ、そしてコンビニエンスストアが消え、それらが次々とマリファナ販売所（表向きは調剤薬局）へと転じたのだ。つまり「マリファナやるならカオサンへ」。カオサンはまた一つ新しいイメージを獲得したのである。

かつて「ちょいといい感じの下町」だったカオサン。この変化を見続けてきた筆者が「いくらなんでも、変貌はここで終わりだろう」と考えたのが九〇年代末。この予想は見事にはずれ、カオサンは止むことなく、そして予測不可能なままにさまざまな変貌を遂げ続けている――ただし、カオス化された、それでいてシステム化を徹底した空間として。見た目の乱雑さの背後には、これをハイパーリアルのように構築するエンジンとなっているデジタルメディア環境が存在する。もはやここはバックパッカーズタウンと表現するにはふさわしくない。そして、この先どうなっていくかも予測できないという印象を抱かせるほど、カオサンは日に日に変貌を遂げているのである。

【引用・参考文献】

新井克弥（二〇〇〇）『バックパッカーズタウン・カオサン探検』双葉社

新井克弥（二〇〇一）「メディア消費化する海外旅行――バックパッキングという非日常」嶋根克己・藤村正之［編］『非日常を生み出す文化装置』北樹出版：一一一‐一三七頁

新井克弥（二〇一三）「バックパッカーの情報行動――スマートフォンとＳＮＳの利用形態」『関東学院大学文学部紀要』一二九：一七‐四二

新井克弥（二〇一四）「バックパッカーにおける情報行動の変容」日産財団研究助成報告書〈https://www.nissan-zaidan.or.jp/wp-content/uploads/111030.pdf（二〇二三年一二月一九日最終確認）〉

下川裕治（一九九〇）『12万円で世界を歩く』朝日新聞社

地球の歩き方編集室［編］（一九八五）「地球の歩き方・タイ編」ダイヤモンド社

地球の歩き方編集室［編］『地球の歩き方　タイ編86～87』（一九八五）ダイヤモンドビッグ社（ダイヤモンドビッグ社は倒産しており、現在はGakkenに引き継がれている）

地球の歩き方編集室［編］（一九九四）「地球の歩き方・タイ編」ダイヤモンド社

第Ⅲ部

トランスナショナルコミュニケーション
から考える都市と文化

第十五章　同時代中国における（不）可能性の表象としての都市

『スラムダンク』と「折りたたみ北京」を例に

楊駿驍

一　はじめに

本章では、中国における（不）可能性の表象としての都市という視点から、二つの対照的な作品を見ていくことで、中国における改革開放が本格的に始動しはじめた時代に生きた世代の特徴とその変遷をみていきたい。

その世代とは一九八〇年代以降に生まれ、「八〇後《バーリンホウ》」とまとめて呼ばれる世代である。彼らは二〇二四年現在では三〇代、四〇代であり、中国の中核部分を担う世代でもある。彼らにとって、都市は自分を評価し、価値づける独占的な体系であり、その表象の特徴と変遷をたどることは現在の中国において中心的な世界観の理解につながる。

ここでは次の二つの作品を取り上げる。九〇年代から二〇〇〇年代初頭にかけて中国で絶大な影響力を誇った日本のアニメ作品『SLAM DUNK』（スラムダンク）と、二〇一〇年代以降の中国の社会を寓話的に描き出し、二〇一六年にヒューゴー賞を受賞した郝景芳の中編小説「折りたたみ北京」である。郝景芳自身もいわゆる「八〇後」世代を代表する作家の一人である。

では、なぜこの二つの作品を取り上げるのだろうか。まず、『SLAM DUNK』は一九九五年に中国に（しばしば海賊版という形で）輸入された後に、「八〇後」世代のあいだで絶大な人気を誇り、ある意味その世代のすべての人に影響を与えていたとさえいえる。その作品は「神奈川」というユートピアにも似た舞台で、「青春」というイメージをもって、彼らにそれまでの中国にはなかった、新しい世界の可能性をみせたのである。

一方、「折りたたみ北京」は二〇一〇年代の中国における都市部の格差と、それに伴う人びとの生きづらさを寓話的に表現したSF作品である。上層、中層、低層のそれぞれにおける住民が文字通り、折りたたまれた都市のなかで互いに隔絶され、抑圧されているさまを描いている。それは可能性に満ちた新しい世界へと意気揚々と向かおうと意気込んでいた「八〇後」世代が行き着くきびしい現実、すなわち構造的な不可能性そのものの寓話だといえる。

すなわち、この二つの作品における都市は極端に対照的な状況の表象として、それぞれ九〇年代から二〇〇〇年代の想像力（『SLAM DUNK』）と、二〇一〇年代から現在に至るまでの想像力（『折りたたみ北京』）を示しているのである。

二　「青春」とその舞台としての「神奈川」

九〇年代に青春時代を送った中国人ならば、『SLAM DUNK』を知らない人はいない。そう断言できるほどにこの作品の影響力は強かった。少年漫画・アニメであるため、ジェンダー的には男性に偏っているが、それでも名前だけは誰もが知っている。二〇二三年に公開された劇場版『THE FIRST SLAM DUNK』は三〇代、四〇代の間で「青春が帰ってきた」と再び話題となり、中国本土でも興行収入が日本円にして一三〇億を超えるなど一大社会現象となった[1]。

では、なぜ『SLAM DUNK』は中国でそれほど人気があるのか、そしてそれが中国にもたらしたものは何だったのだろうか。一九八〇年以降に生まれた世代が「八〇後」と広く呼ばれるようになったのは、二〇〇〇年代初頭からである。これは彼らと上の世代のジェネレーション・ギャップがあまりにも大きいことが一種の社会問題として顕在化した時期にあたる。

　そのようなジェネレーション・ギャップはなぜ生じたのだろうか。一九七八年に改革開放政策が提起されたことで、それまではほぼ鎖国状態にあった社会主義の中国はいわゆる市場経済への移行をはじめ、国の門戸を開きはじめた。社会主義市場経済体制が標榜された一九九二年までの模索期を経て、それ以降中国の経済成長が一気に加速していき、社会もそれに伴って大きく変化していった。つまり、「八〇後」はそのような激動の時代に生きてきた世代であり、上の世代がまったく知らなかった世界や価値観の中で成長してきた世代である。

　一九六〇年代中頃から七〇年代中頃にかけて中国は文化大革命という大きな動乱期を経験していた。その時代は文学や演劇などの芸術は革命思想を表現するごく一部のものに制限されていた。そのため、文化大革命後に中国では一種の文化的な空白状態が生じていたのである。そのような状況のなか、一九九〇年代の急速な市場経済化によって、香港や台湾を経由して多くの海外のゲーム、映画、音楽、アニメ、マンガなどが中国に（多くの場合は海賊版という形で）、それこそ洪水のように大量に流れ込んできた。

　「八〇後」はそのようなまったく新しい世界をさまざまな作品を通して知り、触れるようになった世代である。そのなかでも、一九九五年から一九九六年にかけて中国で放映された『SLAM DUNK』が圧倒的な支持を受けた。「八〇後」世代の若者たちにとって、『SLAM DUNK』は現在の日本人がもっているような「青春」のイメージをほぼはじめて提示した作品だったからである。

　それまでの中国のアニメといえば、子ども向けの幼稚なものだったり、国や親の意図に沿った教育目的のものだっ

［1］「映画『スラムダンク』が中国本土で上映終了 興行収入１３０億円超」〈https://news.yahoo.co.jp/articles/45d1e3798b5a5ea45c0d365a297006d4a22c2c8（二〇二三年一〇月六日最終確認）〉

たりする作品が多かった。それに対して、『SLAM DUNK』は恋愛、仲間たちとの友情、夢のために頑張る熱血さなど、いずれもそれまでの中国の若者たちの生活にまったくなかったイメージを提供した。また、それはそれまでの国や革命のために青春を捧げる「青年」のイメージともまったく異なっていた。

一つの事実として、中国の中学、高校には誰もが参加できる「部活」という制度は存在しなかったし、現在もごく限られた学校にのみ存在している状態である。それはつまり、バスケットボールの交流試合から全国大会まで上り詰めていくという、「青春」を託すことができるような、はっきりとした目標や努力の「舞台」が存在しなかったということだ。そして、バスケットボールといったスポーツがそのような舞台になりうるとも思われていなかった。ここではキャラクターや物語と同じぐらい、あるいはそれら以上に「神奈川」という舞台が重要な役割を担っている。

この作品において、バスケットボール部は単にバスケットボールという競技を行うことのみを目的とする小団体として自律しているわけではない。その競技やそれに興じることを意味あるもの、あるいは価値あるものにするためには、チームがより大きな「全体性」のなかに位置づけられ、承認されなければならない。意味、ないし価値とはある種の閉じた差異のシステムの中ではじめて生じるものだからである。[2]『SLAM DUNK』という作品においてその全体性を構成する閉じた差異システムとは、「神奈川」という場所にほかならない。

作品の中の「神奈川」では、主人公たちが所属する湘北高校とは別に、さまざまなバスケットボール強豪校があり、そしてそこの選手たちもまた湘北高校とは別の特徴を持って互いに対抗している。そこでは、高校間の関係性、個々のキャラクターの特性、ライバル的な関係性などが一つの閉じた差異のシステムを構成し、何が価値あるものなのか、どのような青春が生きるに値するかを決定している。そこでは、バスケットボールという競技における成功は彼らが追求する青春、ないし人生の、それも唯一の価値として表現されている。

主人公である桜木花道は物語の序盤では不良少年として、いわゆる社会的に承認されるような高校生のイメージから逸脱するもの、上述した社会的な価値システムからドロップアウトした人物として描かれていた。彼は常に意味もなく怒り、手当たり次第に女の子に告白しては振られるという生活を送っていた。すなわち、彼の青春と人生は何らかの価値のシステムによって位置づけられておらず、それによって彼は意味や価値のない生活を送り、いらだちを日々感じていたのである。

そんな彼がバスケットボールという競技をしようと思ったきっかけこそヒロインの晴子に対する好意だったが、「神奈川」におけるさまざまな高校のライバルたちと切磋琢磨し、バスケットボールという競技を価値づけるより大きな全体性を備えた差異のシステムと出会うことで、その中に位置づけられ、肯定されるようになっていく。それにつれて、競技そのものにもだんだんと惹かれていったのである。すなわち、「神奈川」という場所は作品において物理的な空間である以上に、バスケットボールをめぐる閉じた価値システムの表象になっているのである。「神奈川」という空間は価値を生産し、承認を行う一つの閉じたシステムなのである。

青春時代に『SLAM DUNK』を見た「八〇後」世代の中国人の多くは成人した後に作品の舞台となっている「鎌倉高校前駅」の踏切を訪れる。それはいわゆる聖地巡礼と呼ばれる行為にあたるが、中国という文脈ではより大きな意味をもっている。それは何よりもある全体性をもった「青春」という価値システムを象徴する場所だったのである。『SLAM DUNK』を筆頭とする作品群の一般化によって、中国では「青春」という言葉が「八〇後」世代の中で、桜舞う校門、放課後の部活、海が見える帰り道、踏切などの「日本」のイメージと強く結びつけられるようになった。九〇年代において『SLAM DUNK』の受容はそのイメージの想像に大きく寄与している。この作品において、異国の特定の場所が別様の価値と可能性の表象と重ね合わされたのである。

［2］デヴィッド・グレーバー（二〇二二）が述べているように、価値が構成されるためには閉じたシステムとしての「全体性」が必要である。ただ、その全体性は必ずしも現実に存在しなければならないというわけではなく、現実とは異なる想像的なもの、もしくは理念的なものにとどまりながら力を発揮することもある。

ただし、そうした表象の要素は現実をベースにしているため、日本ではそれなりのリアリティをもっており、舞台としても前景化されているわけではないのに対して、中国の若者たちにとっては身近にあるものでは決してないため、「神奈川」は想像上のユートピアに近いものとして前景化されている。それは自分たちの生活にないような可能性、自由の可能性を解放するような感覚をもたらす場所として想像されるものだった。改革開放によって「自由」と個人の「自己実現」を知った「八〇後」は、その可能性の場所に強く惹かれたのである。すなわち、『SLAM DUNK』という作品を通して、都市空間における（「青春」という）別の価値観と世界観の可能性、現実は必ずしも現実のままではなく、別様に変わりうるという可能性に「八〇後」世代が気づき、そこにある種の解放感を感じていたということである。

「八〇後」世代と「青春」の強い結びつきはそこから生じている。「八〇後」という呼称はそもそもその世代に新しく現れた作家たちを指すために使われていたが、その後世代全体の呼称として使われるようになっていった。この「八〇後」作家たちの文学はしばしば「青春文学」や「キャンパス文学」と呼ばれていたことからもわかるように、「青春」は彼らの文学にとってもっとも中心的なテーマの一つだった。そして、彼らが描く青春はそれまでの中国になかったものだった。

たとえば、青春文学の旗手である郭敬明は編者として、多くの外国の都市に関する写真やエッセイを組み合わせた旅行文集の人気シリーズを発行しているが、日本の都市を取り上げた巻は東京でも京都でもなく「神奈川」であるのが象徴的である（郭 二〇一二）。また、近年では中国各地で「小鎌倉」と呼ばれる、鎌倉、特に「鎌倉高校前駅」のイメージをそのまま模倣した観光スポットが多く作られている。そこには間違いなく『SLAM DUNK』の強い影響がある。

日本では「青春」はしばしば「モラトリアム」と呼ばれ、学生などが社会的な責任や義務を負うことなく、「あれこれ悩み、いろいろな可能性にふれながら試行錯誤する時期」といった意味で捉えられてきた。『SLAM DUNK』が提示する「青春」のイメージと「神奈川」という価値体系は、まさに「あれこれの可能性について模索」し、自分にとっていちばん相応しい道を探すものとして、そのような新しい個人の実現を目指す思春期にある「八〇後」の若者たちに対して、次節で説明する一元的な現実のレイヤーの上にそれと異なるような想像上のユートピアの可能性を提供したのである。

三　一元的な価値観と可能性の抑圧

しかし、そのような「八〇後」の憧れとなっていた「青春」のイメージは、彼らの直面した現実とかなりかけ離れたものだった。『SLAM DUNK』というアニメのなかでもっとも受けいれられていた要素の一つに「熱血」がある。「八〇後」世代とそれ以降の世代にとって重要だったのは、個人の自己実現である。それは仕事における成功であったり、学業における達成だったりする。熱血さをもって頑張れば成功できる、ということがさかんに言われるようになったのである。

成功をめざすのはもちろんよいことである。湘北高校のバスケットボール部のメンバーたちのように全国大会に出場する、というのも成功の一つの形だろう。どのような形の成功を目指すかは個人の自由に委ねられているということである。しかし、九〇年代以降の中国という文脈のなかでいわれる「成功」は「外的な基準に照らして、他人よりもはるかに良い状態にあること」を指す場合が圧倒的に多い。つまり、頑張れば他人より多くのものを手に入れられるという考え方が広まっていったのである。そして、この「より多くのもの」とは基本的に権力、地位、金銭といったものに絞られていく。これらのものはだいたい一つを手に入れれば他はついてくるものでもあるので、実質成功の基準は一本化していった[3]。そうした成功を追い求める背景に、中国の改革開放は単に自由な市場経済をもたらしただけでなく、それまでの社会形態の解体をも引き起こし、生活全体が不安定化していったことがある。

つまり、チャンスとリスク、自由と過酷さの両方がもたらされたのである。夢を追って自己実現しようとする者や安定した生活を手に入れようとする者など、若い世代はさまざまな思いで中国全体の変化の渦に巻き込まれていった。

しかし、どんな思いをもっていたにせよ、社会的な上昇を実現する方法は一つしかない。すなわち、「競争」を勝ち抜くことである。それも過剰な競争である。そして、競争にかけられるすべての資源は北京や上海といった大都市に集中していた。

さらに、二〇〇〇年代初頭から、大学卒業生の数が凄まじいスピードで増加していた。そのため、せっかく大学に入って卒業したのに、望み通りのいい仕事にありつけない人も大量に出てくる。彼らは夢と理想を諦められずに大都市でチャンスを探り当てようとしながら、その高い生活コストを少しでも減らそうと郊外の安いアパートの劣悪な環境のなかで集団生活を送る。なぜなら、上海や北京といった大都市が唯一の価値システムの場として、あらゆる人生の意味と価値を独占しており、その外では別の価値システムがありえないと考えられていたからである。

二〇〇九年に廉思は彼らの生活を詳細に取り上げた本『蟻族』で彼らの特徴を「高い知性、（個体として）弱い、群居」としてまとめ、総じて蟻の生態に似ているとして「蟻族」と比喩的に呼んだ。以降「蟻族」と呼ばれた「八〇後」集団が話題となり、中国社会で広く認知されるようになった。『蟻族』のなかで彼らの心理状態は次のように形容されている。

> 活力と理想にあふれ、野心や挑戦する意気込みを持っている。大学教育が知識と教養を与え、美しい未来を約束していた。しかし、就職後の状況や「群居村」での生活に、青春の夢を託す場所はなく、焦りや方向の定まらない暗澹とした日々を耐え忍ぶことを身につけた。しかし同時に、楽観的で明るくもあり、自分の選択を信じ、下層から這い上がることを厭わず、ゆっくりとした積み重ねや下積みのなかで未来の飛躍を期待しているのである。（廉二〇一〇：一九）

夢と現実、成功と競争、輝かしい未来と惨めな現在、それらの間に巨大な溝が走っている。しかし、『SLAM DUNK』などの努力で目標を実現させる新しい世界観と青春観に触れた「八〇後」の蟻族たちは、巨大な溝と落差によって引き裂かれていながらも、自分たちの「熱血さ」をもってその溝を埋めようとしたのである。

しかし、客観的にみて、それだけの大学卒業生を受け入れられるだけの、都市部のホワイトカラーのポストの数はなく、ほとんどの人は最終的に失敗、もしくは妥協する運命に逆らえなかった。これが二〇一〇年代以降、ほとんどの大都市での成功を夢見た青年がたどった運命である。

四　「折りたたみ北京」と「可能性」の抑圧

その客観的な不可能性をもたらす構造についてもっとも象徴的に表現した作品が郝景芳の「折りたたみ北京」（郝二〇一八）である。

まず「折りたたみ北京」のストーリーを簡単に要約しよう。未来の北京はAIとロボットの普及により、大量の人口が余り、第一スペース、第二スペース、第三スペースという風に都市を分割し、職にあぶれた人口のほとんどを第三スペースに押し込む。三つの空間は壁によって隔てられているのではなく、文字通り大地の裏側へと折りたたまれることで分断される。主人公の老刀は第三スペースのごみ処理施設で働く独身の中年男であり、幼い女の子糖糖（タンタン）を拾って養子にしたのだが、彼女を幼稚園に入れるためには多額の金が必要となる。それぞれのスペースのあいだを自由に行き来できないため、第二スペースの大学生が第一スペースの女性にメッセージを伝えるのを手伝う

［3］さらに、社会人類学者の項飈は九〇年代以降の中国において、人びとは他人との比較において自らの存在とアイデンティティを規定するという「実存的比較主義（existential comparisonism）」が行き渡っていると論じている。Forced competition and existential comparisonism: Experiences in China and Japan.〈https://www.youtube.com/watch?v=jY-mq4FhoDc（二〇二三年一〇月六日最終確認）〉

ことで金を稼ごうとする。しかし、彼が目の当たりにしたのはそれぞれの空間のあいだの、残酷なまでに広がった格差と、社会階層の上昇不可能性だった。

以上のストーリーから、ここで描かれているのは社会階層間の格差問題だと考えるのが自然である。第一スペースは富裕層と権力層の住む場所であり、第二スペースは中産階級の住む場所であり、そして第三スペースは貧しく、使いみちのない者たちの住む場所である。

しかし、「折りたたみ北京」の特殊性はそこにはない。この作品には読者に強い違和感を抱かせるところがある。すなわち、この作品においては、情報テクノロジーの進んだ未来都市を描いている一方で、あまりにも情報社会に関する描写が欠如しているのだ。意図的に抑圧しているとさえ思える。

ＡＩや情報技術の発達を背景としているにもかかわらず、北京という都市が物理的に分断されていることが、（何の説明もないまま）そのままコミュニケーションの分断を意味してしまうのである。その点に関しては、主人公が数文字ぐらいの、情報量の少ないメッセージを届けるのに、命を危険に晒して三つの世界を行き来しなければならなかったことに象徴的である。

この作品における情報コミュニケーションのレイヤーの欠如は何よりも「北京」という物理空間を、大地そのものを折りたたむというアイデアそのものに表れている。

多くの論者たちが論じているように、我々は拡張現実的な時代に生きている。「ポケモンＧＯ」によって代表されるＡＲ（拡張現実）技術が象徴的である[4]。同じ物理空間にいながらも、そこに情報コミュニケーションのレイヤーを付与することで、現実の空間が拡張され、その意味と機能そのものが改変されてしまう。社会学者の鈴木謙介は『ウェブ社会のゆくえ』のなかでこのことを現実の「多孔化」と呼び、情報社会の本質的な特徴の一つであるとした（鈴木 二〇一三）。その意味で、情報テクノロジー時代の都市とは二元論的な存在である。それぞれ物理空間のレイヤーと情報コミュニケーションのレイヤーがあり、物理空間は情報コミュニケーションによって意味を上書きされ、新たな機能や価値が生成され、情報コミュニケーションもまた物理空間によって支えられるのである。

それに対して「折りたたみ北京」は、暴力的なまでに即物的に物理空間そのものを折りたたみ、摩天楼を折り曲げ、大地を一八〇度回転させてしまう。いってみれば、物理空間そのものを改変せずにユートピアを実現させるような拡張現実的＝情報コミュニケーション的な都市像こそリアルであるのに、「折りたたみ北京」はそのまったく反対に向かっているのである。我々には都市の意味と価値を拡張することも、解釈することも許されない。「都市はその通りの形しかしていない」という一元論的な都市像が提示されているのである。

作中の「北京」には物理空間の制限を超えたコミュニケーションのネットワークは存在しない。というより、存在してはならない。主人公の老刀の行為――万難を排して手紙を届けること――の正当性が保証されるためには、三つのスペースのあいだにはインターネットはおろか、郵便局すら存在してはならないのである（第一スペースの内部では電話やビデオ通話などの通信手段は存在しており、第二スペースではインターネットの存在が言及されているが、いずれにせよ第三スペースがその通信網から遮断されていなければ、分断を維持することは難しいだろう）。

いってみれば、「折りたたみ北京」は現にある都市像、我々がリアルだと感じられるような未来の都市像とはまったく逆の方向に向かっているのである。それは物理空間の意味が一元的に、明示的に決定されており、情報コミュニケーションもまたきびしく遮断されていて、アーキテクチュアルな権力が極端に強い都市である。

このように、「北京」という都市は、一律的な現実の上に多数の穴を開け、上書きし、潜在的に可能である新たな解釈や価値を提示し、新たな現実を生成する、そうした行為を抑圧することで成り立っている。言い換えれば、それは別の可能性を、現にあるものと異なるような事態を懐胎する潜在的な可能性を抑圧しているのである。

---

［4］その全体的な影響については『ポケモンGOからの問い――拡張される世界のリアリティ』（神田ほか二〇一八）を参照。

このような表象は二〇一〇年代以降の若者が直面した状況を寓話的に反映しているのみならず、可能性の抑圧という点で九〇年代から二〇〇〇年代に「八〇後」世代が夢見た、「神奈川」が象徴する現実に別のレイヤーを付与するユートピアの想像力そのものを抑圧しているのである。

五　結び

以上のようにみていくと、二〇〇〇年代前後から二〇二〇年代現在に至るまで、中国における可能性の表象としての都市像の変遷が明らかになってくるだけでなく、「八〇後」という世代の特徴も浮かび上がってくる。

改革開放後の中国をはじめて生きた世代としての「八〇後」は、二〇〇〇年代前後はじめて新しい価値観の可能性に気づき、自由と自己実現を知り、それらに参入しようとした世代である。そのイメージを提供したのが『SLAM DUNK』という作品における「神奈川」を舞台とする「青春」だった。この新しい「青春」は上の世代のような国や革命に奉仕する青春ではなく、自分のさまざまな可能性を探り、試行錯誤する「モラトリアム」としての「青春」にほかならない。

しかしながら、二〇一〇年代になってそのような可能性のイメージをもって「中国夢」を追いかけてきた彼らを待っていたのは、むしろ個人の努力ではどう変えることもできない構造的な不可能性だった。そして、それをもたらしたのがまさに「折りたたみ北京」で象徴的に描かれていた固定化された社会階層、そして情報コミュニケーションの欠如からみえる現実空間の解釈可能性の独占だった。

中国の二〇〇〇年代は都市化などによって象徴されるような、急激な発展の時代として語られることが多い。しかし、都市と可能性の表象という本章の視点からみたとき、それはむしろ衰退もしくは縮小の時代であることが明らかになる。そして、それが二〇二〇年代に中国の若者が強く意識し、拒否するようになった生きづらさ、ないし生き延びることの不可能性につながっているのである。

【注　記】

本章の内容はＪＳＰＳ科研費JP23K18684の助成を受けたものです。

【引用・参考文献】

郝景芳（二〇一八）「折りたたみ北京」ケン、リュウ［編］／中原尚哉・大谷真弓・鳴庭真人・古沢嘉通［訳］『折りたたみ北京――現代中国ＳＦアンソロジー』早川書房

郭敬明・落落・笛安・消失宾妮・王小立（二〇一一）『下一站・神奈川』长江文艺出版社

神田孝治・遠藤英樹・松本健太郎［編］（二〇一八）『ポケモンＧＯからの問い――拡張される世界のリアリティ』新曜社

グレーバー、Ｄ／藤倉達郎［訳］（二〇二二）『価値論――人類学からの総合的視座の構築』以文社（Graeber, L.（2001）*Towards an anthropological theory of value: The false coin of our own dreams*. Palgrave.）

鈴木謙介（二〇一三）『ウェブ社会のゆくえ――〈多孔化〉した現実のなかで』ＮＨＫ出版

廉思［編］／関根謙［訳］（二〇一〇）『蟻族――高学歴ワーキングプアたちの群れ』勉誠出版

第十六章　キリスト教と日本の都市文化

東京と京都における近代以降の教会の立地状況

麻生将

一　はじめに

日本の都市を歩いているとキリスト教の教会（以下、「教会」とする）に出会うことがある。東京、横浜、大阪、神戸など近代以降に西洋文化の影響を受けた都市だけでなく、「千年王城」と呼ばれ平安京以来の都であった京都の街中でもレンガ造りの近代建築の教会をみつけることができる。周知のように江戸時代のキリシタン禁制が明治時代の初めに解かれ、[1]キリスト教は日本各地に広がっていった。教会はキリスト教の日常的な活動拠点であり、信者が集う場であった。それと同時に文明開化の根源とみなされたキリスト教を象徴する施設であり、異文化との中継の場、いわばメディアのような存在でもあったといえよう。筆者は以前から近代日本の主要都市の教会立地について研究を進めてきたが、本章ではこれまでの成果も踏まえつつプロテスタント諸教派の教会を事例に近代日本の都市部におけ

［1］明治政府は当初江戸幕府のキリシタン禁教を踏襲していた。そのため長崎県浦上地方の約三〇〇〇人のキリシタンたちは一八六八（慶応四、明治元）年から日本各地に流罪に処せられ、数百人が犠牲になった。

る教会の立地とその文化的、社会的な意味について考えてみたい。本章の分析では天田儀八編集・発行（一八九二）『日本全国教会便覧』、日本基督教連盟編集・発行『基督教年鑑』、内閣統計局編集・発行『日本帝国統計年鑑』を用いた。なお、今回は紙面の関係上、東京と京都の比較を行う。

二　近代日本のキリスト教と教会

現代の日本のキリスト教の歴史は江戸時代末に幕を開けた。欧米から来日した宣教師たちの活動範囲は当初は港町の外国人居留地に限定されていたが、後には各地で布教活動を活発に進めていった。彼らは直接的な布教だけでなく、病院や学校などを次々と設立、経営し、教育や医療、福祉の面で日本社会に貢献した。こうした活動はキリスト教の隣人愛や奉仕の精神に基づくと同時に、間接的な布教の一環であった。今日のミッション系の学校や病院、福祉施設のなかには明治時代に設立されたものも多い。レンガ造りの教会、校舎、病棟などは文明開化のただなかにあって欧米由来の最先端の建造物であり、人びとにとって異文化と出会う場所であった。

また、宣教師の影響を受けて信仰を持った日本人のなかから牧師や伝道師が誕生し、彼らも日本各地で熱心に布教活動を進め、それに伴い教会の数も順調に増えた。近代日本のキリスト教のなかでも特にプロテスタントの諸教派は、都市部在住の中産階級を主なターゲットに布教を進めていた。その結果、キリスト教が大都市から府県内の各地域の中枢都市へ、そして周辺の中小都市へと広がった。つまり、キリスト教は人口規模や政治的、経済的機能などに基づく都市間の階層構造において上位から下位の都市へと伝播したのである。

以上の点を踏まえ、近代日本のキリスト教の状況について、教会に関する動向をいくつかのデータから確認していく。図16-1は全国、東京府、京都府の一九〇〇（明治三三）年以降の教会数の変化を示したものである。これら三つのグラフからは次の二点を読み取ることができる。一点目は途中で減少する年があるものの、教会数はほぼ一貫して増加していることである。この点は先行研究でも同様の指摘がなされている。二点目は、グラフの変化の仕方に注目すると、教会全体とプロテスタントがほとんど同じ動きを見せていることである。総数のおよそ七〜八割を占めるプロテスタント諸派の教会数の変化が教会数全体の変化に影響を与えていたのである。

このように、近代以降の教会数は全国各地でほぼ一貫して増加してきたことが明らかになった。では、都市部の教会数と立地状況はどのように変化したのであろうか。また、教会は都市のどこに立地し、そこからどのような社会的あるいは文化的な特徴を読み解くことができるのだろうか。次節では都市における教会の立地状況について、東京と京都を比較していく。

三　東京市と京都市の比較

まずは東京市と京都市の教会数の変化とその特徴について表16-1をもとに検討する。一八九三年から一九一六年にかけては二〇年以上の開きがあるものの、東京と京都の両府、両市ともに相当の増加がみられる。そこでまずは変化率を算出してみると、東京府と東京市でそれぞれ六七・七％、二九・三％、京都府と京都市に至ってはそれぞれ一一〇・五％、一五七・一％であり、急激な教会の増加が確認できる。こうした数値はキリスト教の布教がさかんであったことを示すのだが、この時期には日清・日露戦争や第

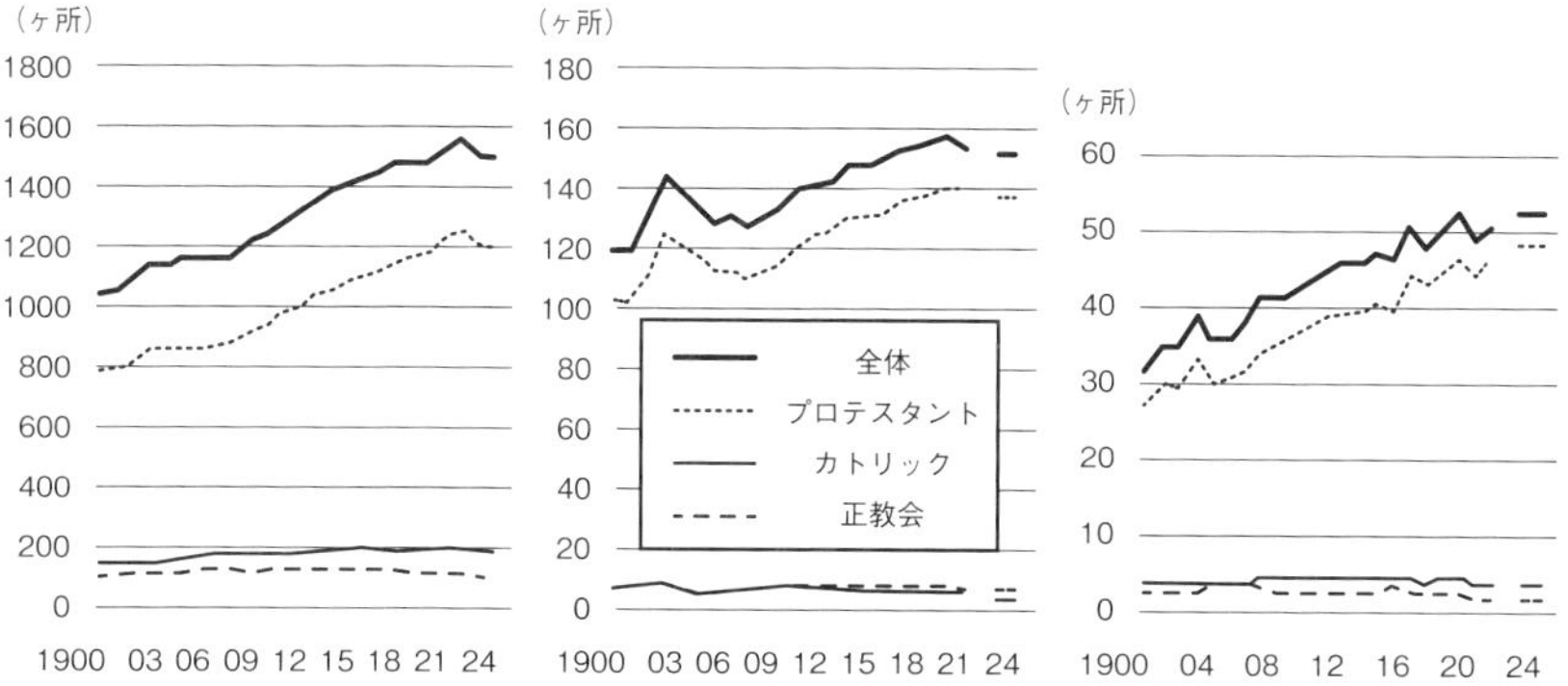

図16-1　1900（明治33）年以降の教会数の変化　（左から全国、東京府、京都府）

一次世界大戦勃発など国内外のめまぐるしい情勢の変化がみられたほか、足尾鉱毒事件や大逆事件、労働争議などのさまざまな社会問題が生じていた。こうした国内外の状況と教会の増加との間には何らかのつながりがあったと考えられるが、本章のテーマからは外れるのでくわしくは別の機会に論じたい。いずれにせよ、一九世紀終わりから二〇世紀前半にかけて両市内の教会数は急速に増加したが、一九一六年以降は教会数の伸びが鈍化する。それでも東京府全体では増加していたが、東京市内では一九二〇年代以降減少に転じた。一因として関東大震災の影響も考えられるが、一九一〇年代から二〇年代初頭にはすでに微減であったことから、東京市内での教会の新規設立がある程度落ち着き、教会の閉鎖が少しずつ目立つようになったことが見て取れる。一方、京都府、京都市ともに一九一〇年代から二〇年代初めにかけてはほぼ横ばいだったものが二〇年代半ばには増加に転じている。一九二一年から二五年にかけての府全体の増加分七か所のうち京都市が六か所を占めており、京都市内で教会の新規設立が顕著であったことがわかる。

また、府全体に占める市内の教会数の割合に着目してみたい。東京市は一八九三年には九六％というきわめて高い値を示しており、東京府下の教会の大半が東京市に集中していたことがわかる。同じ時期の京都市は三七％であり、東京と比較してさほど集中していない。それが一九一六年以降に両者は対照的な動きを見せる。東京市の府全体に占める割合は減少の一途をたどり、一九二五年には五五％まで落ち込む。これは二〇世紀以降の東京府において東京市以外の地域での人口増加と都市化の結果、教会の新規設立が活発であったことを意味する。他方、京都市の場合は一九一六年以降割合が一貫して増加し、府内の六〇％以上を保っていた。東京府とは対照的に京都府では、府庁所在地にして府内最大の人口規模を誇る京都市へと教会が集中していったのである。府内

表 16-1　東京と京都の府および市の教会数の変化

『日本全国協会便覧』と『基督教年鑑』をもとに筆者作成

	1893 年	1916 年	1921 年	1925 年
東京府（a）	96	161	175	199
東京市（b）	92	119	117	110
（b）／（a）	96%	74%	67%	55%
京都府（a'）	19	40	40	47
京都市（b'）	7	25	26	32
（b'）／（a'）	37%	63%	65%	68%

最大の人口を有するという点では東京市、京都市ともに似通っているものの、二〇世紀以降の両者の特徴は対照的であった。一方は府庁所在地以外で増加し、もう一方は府庁所在地に教会が集中したのである。

このように、府県庁所在地の教会立地の特徴を検討する際には府県内全体との対比による都市の位置づけが有効かつ重要であることが示された。また、教会の立地状況は全国一様ではなく、都市どうしで異なっていたこともわかった。

ここからは東京市、京都市の都市内部の教会の立地状況をもう少し詳細に確認していく。表16-2は一八九三～一九二五年の東京市と京都市それぞれについて、区ごとの教会数の変化を示したものである[2]。この表から読み取れる特徴をいくつか挙げていく。まず東京市の場合は、麹町区や神田区と

表16-2　東京市と京都市のプロテスタント教会の立地状況

『日本全国協会便覧』と『基督教年鑑』をもとに筆者作成

		1893年	1916年	1921年	1925年
東京市	麹町区	6	7	6	6
	神田区	5	7	6	7
	日本橋区	7	3	4	4
	京橋区	16	10	12	8
	芝区	11	9	10	9
	麻布区	4	6	9	9
	赤坂区	3	5	4	5
	四谷区	3	7	6	6
	牛込区	10	13	13	13
	小石川区	2	15	13	14
	本郷区	7	14	12	10
	下谷区	4	6	4	4
	浅草区	7	6	7	6
	本所区	2	5	7	6
	深川区	5	4	4	3
	不明	0	2	0	0
	東京市計	92	119	117	110
京都市	上京区	1	11	11	13
	中京区	2	3	3	6
	下京区	3	7	7	7
	東山区	1	2	2	1
	左京区	0	2	3	5
	京都市計	7	25	26	32

[2] 区の境界は一九三〇（昭和五）年時点のものである。東京市は一九三二（昭和七）年に周辺地域との合併で三五区となるが、本章ではそれ以前の範囲を分析対象とする。また、京都市の行政界を東京市に近い年代に合わせた結果、一九二九（昭和四）年時点のものになった。

いった都心部では教会数にさほど変化がみられなかった。また、丸の内がある日本橋区では関東大震災以降も教会の数はさほど変化しなかったが、銀座のある京橋区では減少していた。このほかにも文教地区である小石川区や本郷区でも教会数の変化に違いがみられるなど、エリアごとの教会数の変化はさまざまであったことがわかる。東京市全体としては一九二一から二五年にかけて教会数が微減しており、関東大震災の影響も考えられる。ただし、先にも述べたように一九一六年から一九二一年にかけて市全体の教会数はすでに微減していた。東京市の郊外への移転は関東大震災後に顕著にみられることがわかっている[3]ため、震災前の微減は教会が何らかの事情で閉鎖したためと考えられる。

つづいて京都市内の状況を確認する。京都市の特徴として、都心三区と呼ばれる上京区、中京区、下京区の教会数は一九一六年以降さほど変化しておらず、教会が比較的安定して立地していたことが挙げられる。一八九三年の『日本全国教会便覧』には上京区の教会が一ヶ所しか掲載されていないが、実際には明治初期に同志社英学校（現同志社大学）の周辺に複数の教会が設立されていた。統計が編まれるまでに新規設立と閉鎖を繰り返していたのであろう。また、一九一六年以降は都心以外の区のうち左京区で次第に増加していったことがわかる。これは明治末から大正期の京都市の人口増加に伴う左京区での住宅開発と市街地の拡大との関連が想定される。大正前期にサラリーマン層や画家、大学教員などが左京区の新興住宅地に移住してきた。前述のように近代日本のプロテスタント諸派は都市の中産階級や知識人層を中心に布教を進めてきたが、その傾向は二〇世紀前半の京都市左京区において明確にみられたのである。

なお、本章では紙面の関係上、全ての区や全ての主要エリアの特徴を述べることはできないため、ここからは両市に共通するエリアの教会立地の特徴を検討する。具体的には東京市の麹町区と京都市の上京区である。これらの区に共通する特徴は、京都御苑や皇居といった天皇および皇室と関係の深い施設の存在である。近代の日本においてキリスト教は必ずしも歓迎されたわけではなく、たとえば内村鑑三不敬事件[4]に代表されるように、キリスト教と大日本帝国のイデオロギーとの間には緊張関係がたびたび生じていた。一九二〇年代以降も地方都市において教会への排撃運動やミッションスクールへの批判、廃校運動、キリスト教関係者への思想弾圧など複数の排除がみられた。こうしたキリスト教への排他的な動きは、いわゆる国家神道体制の下で形成されたナショナリズムに基づく部分が大きく、言い換えれば天皇制イデオロギーとの衝突ともいうべき現象であった。そのため、キリスト教と近代の日本社会の間には常に何らかの形で軋轢や対立、排撃などの緊張関係が生じてきたことはまぎれもない歴史的事実である。ただし、キリスト教と教会は日本全体で一様に排除されてきたわけではなく、日本社会との関わり方は多様であった。その一端を示すのが図16-2である。東京市と京都市はどちらも天皇が居住し、また天皇や皇室と関係の深い施設が都市の中心部に立地していた。このような施設の周辺には明治時代以降、いくつもの教会が相次いで立地したのである。たとえば京都市の場合、明治期の東京奠都《てんと》により空き家となった京都御苑内の貴族の邸宅に教会と同志社英学校が立地した。また、皇居の西側と北側の、かつての武家屋敷のエリアに複数の教会が立地した。図16-2は一九二一年の状況を示しているが、これらの教会が行政による強制的な移転・閉鎖命令を受けた形跡は今のところ確認されていない。むしろ行政からの便宜により教会が立地したこともあった。一例をあげると、図16-2の皇居北側の星印の教会はこの後関東大震災を経て現在の飯田橋に移転するが、その土地は宮内省から教会に払い下げられたものであった。この

［3］永井ら（二〇〇六）の研究によると、教会の移転は関東大震災以前には二キロメートル以内の移動であった。移転の主な理由は、新たな土地の取得や教会堂の新築などであったという。関東大震災以降は東京西部を中心に郊外への移動がさかんになった。

［4］これは一八九一（明治二四）年に起きた事件である。当時第一高等中学校（現東京大学）の教員であった内村は同校での教育勅語奉読式の際、教育勅語の明治天皇の署名に最敬礼をしなかった。自身のキリスト教信仰に基づき偶像礼拝ができなかったのである。内村のこうした対応が問題視され、井上哲次郎を中心に「キリスト教は反国家的で危険」、「天皇に対する不敬の宗教である」とするキリスト教批判が噴出し、世論を二分した。

ように都市空間の教会の立地状況やその経緯は近代のキリスト教と日本社会との関係性の一つの側面を示唆するのである。

四　おわりに

ここまで近代の都市部におけるプロテスタント諸派の教会の立地とその特徴を検討し、都市空間の目まぐるしい変化が教会の立地にも影響を与えたことや、近代都市のキリスト教と日本社会との多様な関係性についてみてきた。近代日本の人びとにとってキリスト教との出会いは当初は異文化体験であり、教会はその象徴的な施設であった。やがて教会は都市空間、都市社会、そして都市の文化を構成する要素あるいはコンテンツへと変化していった。もちろん日本の伝統的な価値観、思想とは異なる宗教であったことや国家神道体制のイデオロギーとの緊張関係などの結果、排撃された教会やクリスチャンはたしかに存在した。一方で大都市の教会の立地状況を検討することにより、必ずしもキリスト教が排除されるだけの対象ではなく、日本社会との間に社会的、文化的な面で多様な関係を取り結んでいたこともまた事実である。とはいえ、もっと細かくみていくと東京市や京都市においてもキリスト教をめぐる軋轢や緊張関係が皆無だったわけではない。「教会の立地状況」という一つのレンズだけではなく、都市内部の人間関係や都市社会の様子、個々人の思想や価値観などよりミクロなスケールで都市と教会の関係を比較することも不可欠であろう。そして、さまざまに視点やスケールを変えながら都市と教会、都市社会とキリスト教との関係性に焦点を当

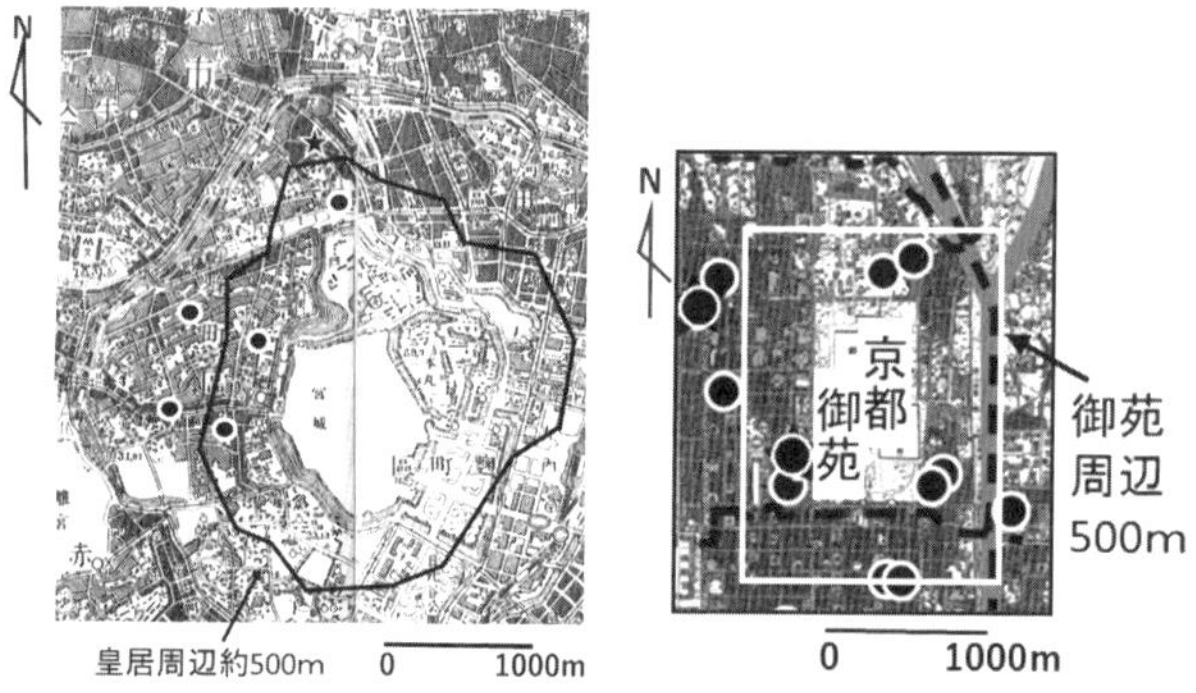

図 16-2　皇居および京都御苑周辺の教会の立地状況（1921 年）
『基督教年鑑』をもとに筆者作成

てるとき、近代という時代の社会と文化の関係、宗教思想の新たな姿が浮かび上がるのかもしれない。

【引用・参考文献】

麻生将（二〇一七）「1916年から2013年の京都市におけるプロテスタント教会の立地」『立命館文学』六四九：三九二‐三七九

麻生将（二〇二一）「近代の都市部におけるプロテスタント教会の存続状況――京都市と大阪市の比較」『キリスト教史学』七五：一〇九‐一二三

麻生将（二〇二三）「近代日本のプロテスタント教会の立地状況――四府県の比較」『二松学舎大学論集』六六：一‐二〇

家近良樹（一九九八）『浦上キリシタン流配事件――キリスト教解禁への道』吉川弘文館

石田潤一郎（二〇〇〇）「12　北白川・下鴨／京都　京都の近代が求めた居住空間」片木篤・藤谷陽悦・角野幸博［編］（二〇〇〇）『近代日本の郊外住宅地』鹿島出版会：二四五‐二六〇頁

江波戸昭（一九八七）『東京の地域研究』大明堂

大河原礼三（一九九一）『内村鑑三と不敬事件史』木鐸社

川田力（一九八九）「日本におけるプロテスタント・キリスト教会の立地過程――明治期・関東地方を中心として」『地理科学』四四（四）：二〇七‐二二二

鈴木範久（二〇〇一）『日本キリスト教史物語』教文館

永井恵一・十代田朗・津々見崇（二〇〇六）「明治期以降の東京におけるキリスト教会の立地とその要因に関する研究」『都市計画論文集』四一（三）：九三五‐九四〇

日本基督教団富士見町教会（一九八五）『富士見町教会旧会堂のこと――一九二九年‐一九八三年』日本基督教団富士見町教会

村上重良（一九八八）『日本宗教事典』講談社

森岡清美（一九七〇）『日本の近代社会とキリスト教』評論社

第十七章　越境する「三国志」

時代と国境を越えた関羽の「義」

仙石知子

一　はじめに

中国の三世紀、漢帝国の崩壊により成立した曹魏《そうぎ》・蜀漢《しょくかん》・孫呉《そんご》の三国が争いあう「三国志」の物語は、中国だけではなく東アジア全域に越境し、人々に受容されている。なかでも日本は、時には中国以上の人気と深まりを持つ、独自の「三国志」文化を形成してきた。そうした「三国志」の越境の主役は、蜀漢の建国者であり、物語の主人公でもある劉備《りゅうび》ではない。あるいは、日本の「三国志」物語を普及させた吉川英治の小説『三国志』が主人公とする曹操《そうそう》・諸葛亮《しょかつりょう》でもない。「三国志」越境の主役は、横浜関帝廟《かんていびょう》に主神として鎮座する関聖帝君《かんせいていくん》、現世の名を関羽《かんう》という武将である。劉備の武将として蜀漢の建国を助けた「三国志」の英雄は、歴史上の人物から、物語の主役となり、神として中華街に鎮座するだけではなく、歌舞伎で演ぜられ、日本各地の山車に載せられるような越境を果たした。都市における「三国志」文化の越境の主役に関羽を押し上げたものは、関羽の「義」と都市に生きる商人からの支持であった。

二　関羽の生涯

関羽の出身地である河東郡解県《かとうぐんかいけん》（山西省西南部の運城《うんじょう》市）は、古来、塩の産地として有名である。陳寿《ちんじゅ》が著した歴史書である『三国志』の関羽伝は、亡命前の関羽について何も語らない。祖先の事跡を記されるような家に、関羽は生まれなかったのである。関羽は、ともに劉備の股肱となる張飛《ちょうひ》と劉備とが住む涿郡《たくぐん》（河北省涿州市）まで亡命しているが、そのルートは、遊牧民がもたらす馬と解池で産出される塩との交易路にあたる。関羽は、元々塩商人の用心棒であったのかもしれない。

関羽が生まれた後漢末期は、幼い皇帝が続いたことに乗じて権力を掌握した外戚（皇帝の母方の一族）と、それを打倒することで国政に関与した宦官《かんがん》（宮中に仕える去勢された男子）のため、政治が乱れていた。困窮した農民のなかには、符水《ふすい》（おふだと聖水）により病気を治す張角《ちょうかく》が始めた太平道という宗教結社に心を寄せる者も多かった。光和《こうわ》七（一八四）年、張角は、「蒼天《そうてん》すでに死す、黄天まさに立つべし」と叫んで立ちあがった。黄巾の乱である。関羽の亡命も、こうした世の中の乱れを背景としている。

涿郡で出会った、漢室の末裔と称する劉備とともに、関羽は乱世を戦い抜く。家柄も経済力も無かった劉備は、卓越した武力により傭兵隊長として次第に世に顕れていく。関羽が支えた劉備は、不利な条件のもと裸一貫から成り上がった英雄なのである。

建安《けんあん》四（一九九）年、劉備は徐州《じょしゅう》を奪った。後漢末の群雄のなかで、劉備とは正反対に家柄と経済力に最も恵まれ、すでに河北《かほく》四州を支配していた袁紹《えんしょう》と、後漢最後の皇帝となった献帝《けんてい》を擁立する曹操とが対峙している隙をついたのである。これに対して、劉備を危険視する曹操は、袁紹との決戦を先伸ばしにしてまで、劉備を攻撃する。劉備は敗れ、袁紹のもとに逃げこむ。孤立した関羽は、曹操に降服する。劉備の妻子を守っていたためである。羅貫中《らかんちゅう》がまとめた小説の『三国志演義』は、このとき関羽が、「曹操にではなく漢に降服する、劉備の妻子に危害を加えない、劉備の所在が明らかになれば帰参する」という三つの条件をつけて降服した、と虚構を創り、関羽の「義」を強調している。

同年、袁紹と曹操の天下分け目の決戦となった官渡《かんと》の戦いの前哨戦が白馬《はくば》で始まる。袁紹軍の猛将顔良《がんりょう》が、曹操側の白馬城を包囲したのである。曹操は、自ら救援に駆けつけ、関羽と張遼《ちょうりょう》に先鋒を命ずる。関羽は、顔良の旗印めがけて突撃し、これを刺し殺すと首を斬り、悠然と引きあげた。曹操は、関羽の手柄にむくい、漢寿亭侯《じゅていこう》に封建する。しかし、この戦いを通じて、袁紹のもとに劉備がいることを知った関羽は、下賜品を封印して、劉備のもとに帰参した。曹操は、これを「義」とした。関羽の出立を防ごうとする臣下に、「かれはかれで自分の主君のためにしていることである。追ってはならない」と言って、快く見送ったのである。

建安五（二〇〇）年、官渡の戦いで袁紹が敗れると、劉備は荊州《けいしゅう》を支配する劉表を頼った。三顧の礼を尽くして諸葛亮を迎えた劉備は、「草廬対《そうろたい》（いわゆる天下三分の計）」を基本戦略として、諸葛亮を中心とする政権の樹立を目指す。劉備のために命を懸けて戦ってきた関羽と張飛は、それが不満であった。これに対して、劉備は、「わたしに諸葛亮が必要なのは、あたかも魚に水が必要であるようなものだ（「水魚の交わり」の語源）」と二人を諭す。やがて諸葛亮が、攻め寄せてきた夏侯惇《かこうとん》を火攻めの計により博望坡《はくぼうは》で破ると、関羽と張飛は敬服し、二度と不満を口にすることはなかった。

諸葛亮の外交努力によって孫権と手を結んだ劉備は、建安一三（二〇八）年、赤壁《せきへき》の戦いで曹操を撃破する。ただし、劉備は、呉軍を率いる周瑜《しゅうゆ》の戦術を信頼せず、軍を遠ざけたので、曹操を破った主力はあくまでも呉軍であった。それでも、諸葛亮の荊州への影響力と呉の魯粛《ろしゅく》の尽力により、劉備は荊州南部を領有し、初めて安定した根拠地を得た。

荊州南部を拠点とした劉備は、続いて益州《えきしゅう》（蜀）に攻め込んだ。このとき関羽は、荊州南部を任された。そして、このあと二度と劉備と会うことはなかった。水運が発達し交易の要所である荊州の奪取を狙う曹操が北に、孫権が東にひかえる状況下での荊州統治は、外交能力を必要とする。これは、プライドの高い関羽には不向きであった。呉に劉備との同盟を重視する魯粛がいる間は、魯粛が反発を抑えた。ところが魯粛の死後、孫権が自分の息子と関羽の娘との縁談を持ちかけると、孫権からの籠絡により娘を奪われることを嫌った関羽が、使者をどなりつけて拒否したため、呉から強い反発を受ける。

蜀を征服した劉備が、曹操から長安を奪うため、漢中に進出すると、関羽は荊州北部の樊城《はんじょう》を守る曹仁《そうじん》を包囲した。救援に派遣した于禁《うきん》と龐悳《ほうとく》が関羽に敗れると、曹操は真剣に遷都を計画する。それほどまでに、曹操は関羽の武勇を恐れていた。しかし、関羽と呉との関係は悪化していた。関羽の隙をついて背後から呉の呂蒙《りょもう》が荊州に侵入する。こうして曹操と孫権に挟撃された関羽は、麦城《ばくじょう》で孤立無援となり、戦死したのである。

関羽は、曹操をも恐れさせた三国時代を代表する武将ということができる。しかし、背水の陣を布いたことでも有名な韓信《かんしん》は、項羽《こうう》を破って中国を統一、劉邦《りゅうほう》に前漢を建国させている。韓信のような中国史上に名を残すそのほかの武将たちと比べてみると、関羽の功績は小さく、その最期はあっけないものですらあった。それにもかかわらず、なぜ関羽は神になれたのであろうか。

三　武神から財神へ

関聖帝君（関帝《かんてい》）として祭られている関羽は、道教の神である。道教は、福（子宝）・禄（財産）・寿（長生）を求める現世救済の多神教で、現在も華人社会で広く信仰されている中国の民俗宗教である。ただし、関羽が最初に祭られた唐《とう》代（六一八～九〇七年）では、関羽は仏教の神であった。関羽終焉の地に近い玉泉寺《ぎょくせんじ》で、仏を守るための伽藍《がらん》神《しん》（日本の寺院で仏を守護する「〇〇天」と呼ばれているバラモン教系の神々と同じ）として祭られたのである。そして、当時の関羽はまだ、無名の神の一人に過ぎなかった。

関羽の地位が高まった宋代（九六〇～一一二七年）には、武神として皇帝の崇拝を集めた。宋の皇帝たちは、北方民族に追い詰められた時ほど、関羽に高い称号を加え、宋への加護を求めた。こうした関羽信仰の広がりの背景には、

『三国志演義』の源流となる「説三分《せつさんぶん》」と呼ばれる語り物の普及により、「三国志」文化が身近になっていたことがある。また、後に関帝信仰を支えていく山西《さんせい》商人の間で関羽への信仰が始まったことは、その普及に大きな影響を与えた。そして、山西商人の信仰のなかで、関羽は財神となっていく。

「敵に塩を贈る」という言葉があるように、日本でも塩は貴重品であった。大陸国家の中国では、塩の採れる場所はよりいっそう限定される。これを利用した塩の専売は、前漢の武帝《ぶてい》期（紀元前一世紀）より、早くも始まっていた。北方民族との戦いが絶えなかった宋は、塩の専売の利益を国境での軍需品納入に利用し、山西商人は、その担い手として成長した。首都と国境の中間に位置する最大の塩生産地である解池の塩を扱ったためである。宋の財政の八割は軍事費に当てられ、税収入の五割を塩税が占めた。それを一手に取り扱った山西商人は、莫大な財を築きあげた。

関羽が山西商人の守護神であったからこそ、宋は戦いに際して祈りを捧げ続けた。こうして関羽は、宋代において、国家からは国を守る武神として、商人からは塩池を守る財神として祭られることになったのである。

四　孔子と並ぶ最高の神

明代（一三六八～一六四四年）の中期以降、山西商人は、国境地帯の軍事物資の納入に加え、中国経済の中心地である揚州《ようしゅう》など長江流域に進出する。こうして山西商人は、新安《しんあん》商人と並ぶ二大商業勢力に成長した。その結果、山西商人の守護神である関羽の信仰はますます広範に浸透し、明代に編纂された『三国志演義』の古い版本の中には、関羽死去の場面をあえて描かないものも現れた。『源氏物語』で光源氏の死が描かれないことと同じである。あるいは、関羽を象徴する青龍偃月刀《せいりゅうえんげつとう》が池に沈むことや、関羽の愛馬赤兎馬《せきとば》が死ぬことで、関羽の死を象徴させる版本も残っている。中国近世における都市文化の発達の中で、関帝の信仰や関羽の物語は大きく発展していく。

こうした明代における関帝信仰を継承した清代（一六一六～一九一二年）において、関帝は全能の神となり、孔子と並ぶ国家の最高神として位置づけられた。雍正帝《ようせいてい》が、雍正八（一七三〇）年、各地の関帝廟を「武廟《ぶびょう》」と呼ぶように命じ、孔子の「文廟《ぶんびょう》」と並立させたのである。ここに関羽は、孔子と並ぶ聖人となった。洛陽にある関羽の墓を「関林《かんりん》」と呼ぶのは、孔子の墓を「孔林《こうりん》」と呼ぶことと同じである。中国では、聖人の墓を「林」と呼ぶが、それは関林と孔林だけに用いられる。こうして清代には、中国の津々浦々にまで、関帝廟が建てられるようになったのである。

　少数の満州族が中国を支配する清は、軍事的にはモンゴル族の協力を受け、経済的には歴史的・地理的に密接な関係にあった山西商人を政商として用いることで中国を支配した。清の外征には、山西商人が兵糧を納入し、政府の経済政策の遂行にも積極的に寄与したのである。そのため、山西商人には諸種の特権が与えられた。とくに利潤の大きい地域の塩販売の独占権のほか、清の官金が貸与され、その莫大な資本の運用によって山西商人は巨大な利益を得ていた。

　このため清でも、山西商人の守護神である関帝は、国家のために戦い続けた。清の軍事報告書には、「赤い顔の長い鬚《ひげ》の神が降りてきて、清軍を守ってくれたために勝利を収めた」としばしば記されている。また、関帝廟そのものも、賊軍を破るために活躍する。清代末期のこと、賊と戦っていた清軍は、暗闇にまぎれて攻撃してくる賊に苦戦を強いられていた。すると、近くの関帝廟が突然、燃え上がったのである。真昼のような明るさのなか、清軍は賊を殲滅することができた。関帝廟に行ってみると、廟宇《びょうう》は焼け落ちていたが、その中に鎮座する関帝像は、煤《すす》ひとつ被らず端然としていた。人びとは、関帝が自らの廟を燃やして清軍を助けてくれたことに感謝して、新しい廟を建立したという。

　こうして山西商人を媒介に明清帝国の守護神となった関羽は、武神や財神としての性格を超え、全知全能の神として深く信仰を集めていく。

五　結びにかえて：義で結ばれるネットワーク

五―一　明清帝国以降の関帝信仰

山西商人と明清帝国とが癒着した結果、関帝信仰が広まったとするのであれば、その信仰はアヘン戦争以降の山西商人の衰退や清の滅亡とともに、終焉を迎えたはずである。しかし、関帝は、現在でも華人社会の中核となり、信仰を集め続ける。これは、関帝という神格が、華人社会の価値観の中心となる内容を持っていることを意味する。それが「義」である。「義」は、都市の中に生きる商人には、必須となる文化的な価値であった。

すでに三国時代において、関羽は曹操から「義」を称えられていた。その理由は、曹操がいくら優遇しても劉備への「忠信」を棄てなかったことに求められる。『三国志演義』を完成した清の毛宗崗《もうそうこう》は、関羽を「義絶《ぎぜつ》（これ以上ない義の人、ちなみに諸葛亮は智絶《ちぜつ》、曹操は奸絶《かんぜつ》とされ、『三国志演義』はこの「三絶《さんぜつ》」を描くための小説であるとされる）」と位置づけ、その義を強調することに努めた。毛宗崗本『三国志演義』において、関羽は、赤壁で敗れた曹操を圧倒的な兵力で待ち伏せながら、かつて受けた恩義のために見逃してしまい、悄然と首を垂れて帰ってくる様子が描かれている。見逃した場合には首を取られてもよい、と諸葛亮に約束していたためである。自分の命が取られても、それが敵であっても、受けた恩義には必ず報いる「義」の人、それが関羽なのである。こうした「義」は、相互の信頼が最も大切な都市に生きる商人にとって、価値観の中心に置くべきものであった。関帝が信仰された普遍的な理由はここにある。

明代の中期、揚州に進出した山西商人は、異郷におけるコミュニティーの中核に関帝を置いた。各都市に設置した関帝廟に共有財産を持たせ、商売に失敗して困窮した者に元手を貸し、両親を失った子どもに奨学金を与えた。関帝廟は信仰の紐帯であるばかりでなく、異郷で暮らす山西商人の相互扶助組織なのであった。横浜の華人も、現在の中華街に居住を始める際に、最初に関帝廟を建てている。関帝廟は、都市の中心なのである。

異郷において商人を支えるものは、人的ネットワークである。しかし、中核がないネットワークはもろい。そのため、山西商人は、各地に商売に出掛ける際に、自分達の守護神である関帝にすがり、商売に成功すると関帝廟を建てて祭祀を行い、ネットワークの拠点とした。また、関羽の「義」に篤い生きざまは、商人として守るべき規範となった。「義」と「信」に基づく人的ネットワークは、こうして中国一円に広がり、華人の進出に合わせて海外にも建設されていったのである。

五-二　江戸時代の関羽

現在の日本における「三国志」物語の基本を定めたものは、吉川英治の『三国志』である。『三国志演義』は、「奸」絶の曹操、「智」絶の諸葛亮に加えて、清の皇帝に崇拝されていた関羽を「義」絶として、曹操・諸葛亮よりも重視して描く。これに対して、吉川英治は、関羽を張飛と同列にし、曹操と諸葛亮の二人を主役に、ことに曹操を単なる悪役とせずに新しい時代を切り開いていく英雄として描いた。現代日本の「三国志」は、曹操と諸葛亮という二大英雄の物語なのである。「三国志」の世界を広く一般に普及させるのに、決定的な役割を担った横山光輝の漫画『三国志』もこれを継承している。関羽は、日本の「三国志」文化では主役の座から降りている。

しかし、江戸時代の「三国志」の世界では、関帝への信仰も、しっかりと輸入されていた。それを端的に表すものが、歌舞伎である。「歌舞伎十八番」は、七代目市川團十郎により一八三二年に定められた。そのなかの一つに「関羽」がある。それは、一七三七年一一月、江戸河原崎《かわらさき》座の「閏月仁景清《うるおいづきににんかげきよ》」の大詰めで演ぜられたのが初演であるという。初代團蔵の悪七兵衛景清が、張飛の扮装で三河守範頼の館へ忍び込むのを、海老蔵の畠山重忠が髭を蓄えた関羽の姿で青龍刀を抱え、白馬に乗って登場して迎え討つという筋書きであったという。

また関羽は、日本各地の祭りの主役である神輿と山車のうち、山車に鎮座して都市を巡行した。現在も一部の地域の山車に残るように、江戸時代より日本の都市文化の一つとして関羽は根づいている。関帝廟に祀られた現人神でもあるがゆえに、歌舞伎で映えるような異国趣味の荒事の主人公となったのである。
その一方で、室町時代に成立した能には、「三国志」の世界を起源とする話はない。日本における「三国志」の本格的な受容は、江戸時代の湖南文山《こなんぶんざん》の『通俗三国志』に始まるためである。また、能が神事として奉納する芸能であったことも、異国の神を受け入れない理由であろう。これと対象的に、歌舞伎に「三国志」の世界が溢れるのは、誇張表現が多用される歌舞伎の表現技法と、関羽が持つ「義」の武神という威厳のあるキャラクター性が合致したことによる。

山西商人が、関羽の「義」を自らの紐帯としたように、江戸の町人たちも、関羽の「義」を愛した。それが、関羽が「三国志」の越境の主役として、江戸時代の日本に受容された大きな原因となっているのである。

五-三　おわりに

中国近世の都市文化の中心の一つとして発展した関帝信仰は、三国時代の関羽という武将を地域と文化のジャンルを越えた存在とし、東アジアに越境させた。その要因となったものは、都市の経済を握る商人層の関帝への支持にある。そして商人が支持した関羽の徳は、「義」であった。東アジアの諸都市は、自らを犠牲にしてまで他人を救っていく関羽の「義」を、文化の中心の一つに置いていたのである。

【引用・参考文献】

河竹繁俊（二〇一九）『歌舞伎十番集』講談社
仙石知子（二〇一七）『毛宗崗批評『三国志演義』の研究』汲古書院
渡邉義浩（二〇一一）『関羽——神になった三国志の英雄』筑摩書房

人名索引

事項索引

執筆者紹介（執筆順・編著者は＊）

谷島貫太＊（たにしま かんた）
所属：二松学舎大学准教授。
担当：序，第 1 章

永田大輔（ながた だいすけ）
所属：明星大学・二松学舎等非常勤講師。
担当：第 2 章

伊豆原潤星（いずはら じゅんせい）
所属：二松学舎大学文学部非常勤講師、桑沢デザイン研究所非常勤講師。
担当：第 3 章

加藤裕康（かとう ひろやす）
所属：大妻女子大学、東洋英和女学院大学非常勤講師。
担当：第 4 章

嵯峨景子（さが けいこ）
所属：明治学院大学非常勤講師。愛知淑徳大学非常勤講師。
担当：第 5 章

須川まり（すがわ まり）
所属：流通経済大学准教授。
担当：第 6 章

菊地映輝（きくち えいき）
所属：国際大学講師。
担当：第 7 章

遠藤英樹（えんどう ひでき）
所属：立命館大学教授。
担当：第 8 章

松岡慧祐（まつおか けいすけ）
所属：奈良県立大学准教授。
担当：第 9 章

真鍋陸太郎（まなべ りくたろう）
所属：東京大学准教授。
担当：第 10 章

松本健太郎＊（まつもと けんたろう）
所属：二松学舎大学教授。
担当：第 11 章

堀野正人＊（ほりの まさと）
所属：二松学舎大学教授。
担当：第 12 章

千住一（せんじゅ はじめ）
所属：立教大学教授。
担当：第 13 章

新井克弥（あらい かつや）
所属：関東学院大学教授。
担当：第 14 章

楊駿驍（よう しゅんぎょう）
所属：早稲田大学講師。
担当：第 15 章

麻生将（あそう たすく）
所属：二松学舎大学専任講師。
担当：第 16 章

仙石知子（せんごく ともこ）
所属：二松学舎大学准教授。
担当：第 17 章

都市と文化のメディア論

情報化するコンテンツ／ツーリズム／
トランスナショナルコミュニケーション

2024年3月10日　　初版第1刷発行

編著者　堀野正人
　　　　谷島貫太
　　　　松本健太郎
発行者　中西　良
発行所　株式会社ナカニシヤ出版
〒606-8161　京都市左京区一乗寺木ノ本町15番地
Telephone　075-723-0111
Facsimile　075-723-0095
Website　http://www.nakanishiya.co.jp/
Email　iihon-ippai@nakanishiya.co.jp
郵便振替　01030-0-13128

印刷・製本＝ファインワークス／装幀＝白沢　正

Printed in Japan.
ISBN978-4-7795-1794-5